KB211920

불교가 필요하다

# 불교가 필요하다

1판 1쇄 인쇄 2019. 5. 23.
1판 1쇄 발행 2019. 5. 31.

지은이 김규칠

발행인 고세규
편집 태호 | 디자인 조명이
일러스트 배종훈
발행처 김영사
등록 1979년 5월 17일(제406-2003-036호)
주소 경기도 파주시 문발로 197(문발동) 우편번호 10881
전화 마케팅부 031)955-3100, 편집부 031)955-3200 | 팩스 031)955-3111

저작권자 ⓒ 김규칠, 2019
이 책은 저작권법에 의해 보호를 받는 저작물이므로
저자와 출판사의 허락 없이 내용의 일부를 인용하거나 발췌하는 것을 금합니다.

값은 뒤표지에 있습니다.
ISBN 978-89-349-9554-8 03220

홈페이지 www.gimmyoung.com    블로그 blog.naver.com/gybook
페이스북 facebook.com/gybooks    이메일 bestbook@gimmyoung.com

좋은 독자가 좋은 책을 만듭니다.
김영사는 독자 여러분의 의견에 항상 귀 기울이고 있습니다.

이 도서의 국립중앙도서관 출판시도서목록(CIP)은 서지정보유통지원시스템 홈페이지
(http://seoji.nl.go.kr)와 국가자료공동목록시스템(http://www.nl.go.kr/kolisnet)에서
이용하실 수 있습니다. (CIP제어번호 : CIP2019019426)

# 불교가 필요하다

김규칠 지음

김영사

머리말

○

# 시대의 틀에서 자유로운 불교, 시대의 뜻으로 돌아오는 불교

고타마 싯다르타가 한 사람의 인간으로서, 인연 있었던 사람들과 나눴던 대화를 재현할 수 있을까? 아마도 현존하는 문헌과 기록들 속에서 일일이 찾아내어 정리한다는 것은 참으로 어려운 일일 것이다.

어떤 사람들은 그가 육 년간의 수도 후 히말라야 산줄기를 내려와 설법하기 시작한 시기의 말씀들을 담고 있다는 초기경전이 대부분 진설眞說이라고 한다. 또 어떤 사람들은 초기경전 자체도 그 구전적 결집이 붓다 사후 이루어진 것일 뿐 아니라 문자화된 것도 백 년가량 뒤의 일이므로, 현존하는 경전들 속에는 붓다의 말씀이 아닌 당시 제자들이나 후세 사람들의 이야기가 많이 포함되어 있다고 말한다.

붓다의 말씀에는 다양한 설화나 전설, 비유와 상징이 많으므로, 듣는 사람에 따라서 이해와 해석에 차이가 있을 수 있으며, 전하는 사람에 따라서 기억 그리고 정확성, 성실도가 다르기 때문에, 시대와 시대를 격하다 보면 나중에는 차이가 많이 날 수도 있을 것이다. 더욱이 붓다 자신이 사용한 언어가 다른 지방이나 다른 민족, 다른 나라의 언어로 번역될 때, 그 문화와 풍토의 배경이 주는 영향 때문에 적지 않게 왜곡과 굴절이 발생할 수도 있다.

그런 점에서 현존하는 경전과 율법서와 논서들을 모두 붓다 자신의 뜻과 사상이 담긴 기록물이라고 주장하는 것은 무리일 듯하다. 그렇다면 우리는 그러한 기록물의 내용 가운데 어떤 것이 붓다의 말씀이고, 어떤 것이 상호 모순 없이 이해될 수 있는 내용들인가, 그 판단의 기준을 어디에서 어떻게 찾을 수 있을 것인가 고민하지 않을 수 없다.

고전문헌학이나 해석이론의 도움을 빌려 2500여 년 전의 진실을 밝혀보는 것이 어떠냐고 할지 모른다. 과거나 현재나 그 시대의 틀은 있게 마련이고, 그러한 틀을 벗어나기는 어렵기 때문이다.

그러나 여기서 굳이 그러한 방법에 깊이 의존하려 하지 않으려 한다. 그러한 분야에서도 방법론을 비롯해 여러 가지 문제점을 둘러싸고 견해와 학설이 분분하며, 거기서도 시비는 시비를 낳고 논란은 논란을 낳는 경우가 허다하기 때문이다. 중요한 건 붓다 자신이 체계적 학설이나 일정한 틀로 묶은 종교적 성전을 남긴 일은 없다는 것이다. 우리는 여기서 중요한 의미를 찾아야 한다.

원래 체계라든가 범형이나 틀은 학문적 진리를 확립하는 방법으로서 필수불가결한 것으로 인식되고 있으나, 그것은 일정한 시대적·역사적 배경을 가지고 당시의 언어와 형상 내지는 관념 체계 등 여러 가지 상징물에 의해 이루어지는 것이다. 다시 말해 학문적 체계 자체의 성질상 영원 불변의 진리를 담을 수 없으며, 결국은 시대가 변하고 인식의 수준이 달라지며 상징물의 변화·발전에 따라 체계나 범형도 달라지게 마련이다. 그럼에도 이러한 체계나 범형은 때로는 거대한 구조물적 형태와 복잡한 내용 때문에 오히려 그 창시자나 저작자마저 혼란에 빠뜨리고 압도하여 짐짓 절대적 권위를 내세우기도 하며, 그 추종자들은 한 걸음 더 나아가 그것을 교조화하는 데까지 이른다. 이런 이유로 붓다는 살아생전에 어떠한 말씀의 체계도 만들지 않았고, 경전의 결집 같은 것을 제자들에게 주문하는 말은 입 밖에도 내지 않았던 것이다.

붓다의 임종이 가까워진 시점에서, 붓다를 중심으로 정진하던 사람들이 붓다의 사후에도 모임을 계속 이어나가고자 하는 뜻에서 이 모임의 앞날에 관해 가르침을 물어본 적이 있었다. 그때 붓다는 이렇게 대답했다.

"상가Sangha(구도와 수행의 모임)가 나에게 무엇을 기대하는가? 나는 어떤 것은 드러내고 어떤 것은 감추는 식의 구분을 하지 않고 담마Dhamma(진리나 사물의 이치)를 가르쳐왔다. 진리에 관해 아직도 펴 보이지 않는 것은 아무것도 없다. 상가가 누군가에게 의존해야 한다고 생각하는 사람이 있다면, 누군가로 하여금 가르침을 말하도록 하여라. 그러나 나는 그렇게 생각하지 않는다. 왜 그런 사람이 상가에 관해 가르침을 남겨야 하는가? 나도 이제 늙어 팔십 노인이다. 낡은 수레는 다시 수리되어야 갈 수 있듯이, 이 몸도 다시 수리되어야 한다고 여긴다. 그러므로 너 자신을 너의 안전지대, 너의 의지처, 너의 피난처로 하여 살아가야지 다른 누구도 너의 안전지대, 너의 의지처, 너의 피난처로 삼지 말며, 담마를 너의 안전지대, 너의 의지처, 너의 피난처로 하여 살아가야지 다른 어떠한 것도 너의 안전지대, 너의 의지처, 너의 피난처로 삼지 말라."

붓다가 전하려고 했던 것은 아주 명백하다. 그는 상가를 어떤 식으로 만들겠다고 결코 작정하지 않았고, 상가가 붓다 자신에게 의지하는 것도 원하지 않았다. 그의 말에 비전적 교리가 있거나 감추고 있는 어떤 묘책이 숨어 있는 것도 아니었다. 그가 안전지대와 의지처와 피난처로 삼기를 원한 담마에 대해서도 너 자신의 힘으로, 스스로의 판단으로 받아들이겠다면 받아들이라고 말했던 것이다. 붓다가 누누이 강조했던 사유의 자유는 진리에 대한 자각의 원리를 의미하는 것이다. 진리에 대한 깨달음과 해탈, 즉 자유와 해방도 궁극적으로는 자각에 근거하는 것이지, 헌신적인 선행이나 믿음에 대한 보상으로 생기는 것도 아니고, 영예로운 은총이나 외적인 힘에 의한 것도 아니기 때문이다. 무엇보다도 자각에 기초한 자유가 필요한 것이다.

낡은 시대는 가고 새로운 시대는 온다. 헌 수레는 새롭게 다시 태어나야 하고, 새 포도주는 새로운 통에 담아야 한다. 굳이 새 시대의 새로운 사람들에까지 일일이 일러주어야 할 무엇이 있겠으며, 일러준다 한들 무엇이 도움이 되겠는가? 그만큼 이야기하고 대화를 나누었으면 각자가 알아서 자각에 근거해 자유를 추구하면서 상호 존중에 바탕을 둔 관용과 포용의 정신으로 살아가는 것, 이것이 붓다의 뜻이 아닐까 한다.

그러므로 '어떤 것이 진리다. 어떤 것이 옳은 것이다' 하는 것보다 자유와 자각의 존중 그리고 이러한 관용과 포용의 정신이 더 고귀한 것이라고 할 수 있다. 우리가 핵심이라고 보는 붓다의 말씀과 그에 대한 견해도 절대적이라고 우겨서는 안 되고, 영원불변의 것이라고 집착해서도 안 된다. 스리랑카의 고승 왈폴라 라훌라Walpola Rahula는 그의 저서 《붓다의 가르침What the Buddha Taught》*에서 다음과 같이 말했다.

"진리를 추구하는 자에게는 어떠한 관념이나 사상이 어디서부터 오는가는 중요하지 않다. 관념의 기원과 발전은 하나의 학문적 관심사에 불과하다. 실제로 진리를 이해하기 위해서 그 가르침이 붓다로부터 유래한 것인지 아니면 다른 어느 누구로부터 나왔는지 아는 것은 필요하지 않다. 가장 본질적으로 중요한 것은 사물을 보고 그것을 이해하는 것이다."

우리가 다른 사람들과 생각과 견해를 교환하고 이해하며 공감을 느끼면서 살아가는 것은, 가능하다면 그들과 뜻을 같이하고자 이렇게 할 뿐이다. 그리고 혹시나 우리 생각과 판단에 잘못이 있거나 부족함이 있으면, 그게 뭐가 됐든 서로 교류하면서 고치고 비우며 스스로를 새롭게 향상시키며 나아가고자 한다. 그래서 붓다의 말씀 가운데 우리가 공감하고 우리의 생각과 일치하는 것을 중시하고, 그러한 관점에서 풀어가는 것은 어쩔

---

* 이 책의 국내 번역본은 2002년, 《붓다의 가르침과 팔정도》란 제목으로, 한국빠알리성전협회에서 출간되었다.

수 없는 일이다.

그런 이유로 나는 이 책에서 붓다의 말씀과 말씀 사이에 어긋남이 없고 모순이 발견되지 않으며 조화롭게 양립할 수 있는 부분을 우선시했다. 양립 불가능한 것으로 보이고 이해하기 어려운 언설 등에 대해서는 되도록 현대적 감각과 이해 수준에 맞추어 설명해보고자 노력했으나, 우리의 감각과 이해 수준을 넘어서는 것은 제외했다. 그리고 인간이 기본적으로 갖고 있는 양식과 이성을 신뢰하는 바탕 위에서 출발하기는 하지만, 소위 말하는 이성절대주의나 도구적 이성에 빠지지 않으려고 주의했다. 또한 의식이 심화되는 과정을 중요시하며 전인적 실천을 통해 인간의 잠재적 능력을 가능한 한 살려낼 수 있다는 관점에 서려고 했다.

이 책은 총 3부로 구성되어 있다. 1부와 2부의 몇 편의 글은 원래《불교문화》에 연재했던 글로, 이번 출간을 계기로 현대라는 문맥 속에서 문명 비평적 관점을 가지고 재조명을 시도하면서 다소 수정·보완한 것이고, 3부는 모두 새로 작성한 글이다.

1부에서는 오늘날에도 여전히 세계관과 인생관의 형성에 영향을 끼치고 인간과 사회가 나아가야 할 방향에 나침반이 될 수 있는 붓다의 핵심적인 가르침을 가려 담았다.

2부에서는 인류가 자연생태계와 지구 환경의 변화에 가장 중요한 영향력을 미치는 최대 변수로서 등장한 현대 인류세 시대Anthropocentric Age에 불교는 어떤 의미를 가지고 있는지 물었다. 특히 생태 위기의 관점에서 불교가 기여할 수 있는 길이 있는지 독자들과 대화하고자 했다.

3부에서는 빅데이터가 범람하고 인공지능 기술이 고도화된 시대에서 불교는 현대 문명의 방향을 가늠하고 미래를 전망함에서 어떤 역할을 할 수 있는지를 생각하며 묻고자 했다. 현대에 들어와 표상과 의식 중심의 동일철학과 일원론적 사고를 비롯해 물질과 정신, 몸과 마음, 실체와 관념 등의 이분법적 사고와 철학적 과잉 주장에 강력한 문제제기가 있었다. 그 후 심각한 혼란과 회의와 해체에 직면한 인류에게 기술 급변의 와류 속에서 비의식 알고리즘의 거센 도전이 밀어닥쳤다. 이 도전이 야기한 것은 지구 자연의 대반격에 의해 대재앙에 직면할지도 모르는 인류세의 문제보다 표면상으로는 더 혼란스럽다. 이것은 당장에 직접적이고 신속한 적응을 강요하다시피 하며 생태 위기와 더불어 현대문명에 심각하고 복합적인 난제를 안겨주고 있다. 인류가 초래한 급박한 상황 변화에 모두 방향 감각을 잃고 어찌할 바를 몰라 당황하는 사태에 몰릴지도 모르는 그런 시대가 오고 있는 것이다. 이런 과제의 도전에 필자는 나름대로의 통섭적 대응을 시도하고 화쟁의 자세로 임했으나 많이 부족하다고 생각한다. 사색과 논의를 촉발하는 계기를 조금이라도 불러일으켰다면 보람으로 여기고자 한다.

끝으로 이러한 글을 완성할 수 있도록 대한불교진흥원의 '불교인문사회과학원'을 통해 지원해준 이각범 이사장을 비롯한 임직원들에게 진심으로 감사의 마음을 전하고 싶다. 그리고 필자가 1부와 2부의 일부 글을 《불교문화》에 실었을 때 이에 공감과 더불어 무형의 불교적 도움을 주시고 이를 출간할 것을 적극 권유해주신 암도 스님, 지환 스님, 도법 스님,

안동일 변호사님, 이한구 석좌교수님(학술원회원), 이용부 전 종무관님, 그리고 나의 대학동기 이남곡 벗님에게도 깊은 감사의 말씀을 드리고자 한다. 이 책이 나오기까지 원고를 직접 읽어주시고 출간해주신 김영사의 고세규 사장님과 편집부의 김동현 님, 태호 님 등 편집진에게도 감사의 말씀을 드린다.

2019년 5월 김규칠

# 1. 다시 보는 붓다의 핵심 사유

# 보통 사람도 '도'와 통할 수 있다

●
○

보통 사람에게 도道란 어떤 의미일까? 10년이 넘도록 정성을 다해도 깨닫지 못하고 이해하지 못한다면, 그들에게 도는 자기와 별 상관없는 도리나 관념에 지나지 않을 것이다. 도가 있다 한들 알아듣지도 못하는데 무슨 소용이 있겠는가? 말할 필요도 없을 뿐더러 그러한 도는 있으나 마나다.

보통 사람에게 소용없는 도는 도가 아니다. 진정한 도란 '실천의 도'여야 하기 때문이다. 극소수의 사람만이 알 수 있는 것이 도라면, 그것은 그저 그들의 도일 뿐 보통 사람에게는 도가 아니다. 도는 생각이 깊고 됨됨이를 제대로 갖춘 사람이라면 누구나 알 수 있고 행할 수 있는 것이라야 한다. 한때 잘못 생각했거나 몰랐더라도 선입견을 버리고 집착을 털어버리면 그 이치를 깨달을 수 있어야 한다. 이러한 것이 도라고 할 때, 비로소 도는 배우고 가르치고 실행할 필요가 있다.

도는 평범하고, 가장 기본적인 것이다. 도는 평범함 속에 있는 위대한 것이다. 사물과 삶의 이치를 미루어 짐작하며 그 이치대로 사는 것이 도다. 사람으로서 할 도리를 다하는 것이 도고, 사물과 자연의 이치를 있는 그대로 받아들여 조화와 모순도 보고, 기쁘든 슬프든 아프든 편하든 상생과 상극의 운행을 모두 일상처럼 따르는 것이 도다.

그 밖에 특수하고 특출한 것이 있는지 우리는 알지 못하며, 그러한 것이 있다 해도 우리에게 그것은 아무 상관도 없는 것이다. 특출한 사람만의 특수한 도라면, 사실상 보통 사람에게 신비스러운 마술 같은 것은 될지언정 인생의 살이 되고 뼈가 되는 도는 아닌 것이다.

그러므로 현대에 보편화된 교육을 받은 정도의 이해력과 판단력을 갖춘 보통 사람 대부분이 고개를 끄덕일 수 있는 이치라야 실천할 수 있는 도라고 하겠다. 꼭 학교 교육을 받아야 하는 것은 아니다. 독학과 독습, 사색과 궁리를 통해서라도 그 정도의 이해와 판단 능력은 갖출 수 있다. 그러므로 오늘날의 일반적 지식 수준과 인식 능력으로 말하고 이해하고 대화하는 것이 가능한 것이라야 현대적 의미에서 도라고 할 수 있다.

붓다의 사상도 바로 이러한 것이다. 보통 사람이면 누구나 들뜬 마음을 가라앉히고 성성한 정신으로 생각하면서 사람이 할 도리를 다한다면 알 수 있는 것이 바로 붓다의 도다. 신통자재의 천신 같은 존재로 그를 보지 말라. 그것은 붓다 자신이 거부해 벗어나고자 했던 당시의 온갖 신비 종교의 모습이고, 도와는 너무나 거리가 먼 그릇된 모습일 뿐이다. 붓다를 그릇된 이미지에서 살려내자. 이 일이야말로 오늘을 사는 우리의 임무다.

## 보통 사람이 '보통 사람'으로 살고 싶어 하는가

사람이 알 수 있는 가장 기본적이고 평범한 도리와 사물의 이치를 도라고 했다. 그런데 우리는 그 기본적인 도리와 이치를 정말 알고 있는가? 정말 제대로 알고 있는가? 그보다 중요한 질문은 이것이다. 진정으로 알고 싶어 하는가? 참으로 진지하게 알고 실천하고 싶어 한다고 분명하게 말할 수 있는가? 이렇게 자문할 때 쉽게 대답이 나오지 않을 것이다. 누군가에게 길을 물을 때도 길을 알려주는 사람이 하는 말을 귀담아 듣지 않거나 가리키는 방향을 제대로 보지 않고 딴 데 정신을 팔면 그 길을 제대로 찾아갈 수 없다. 하물며 삶의 길에 있어서랴. 정말로 길을 알고 싶어 하는가? 그 길을 진정으로 가고자 하는 실천의 자세가 되어 있을 때, 그 평범하고도 기본적인 길이 눈에 들어오고 머리에 들어온다.

한눈을 팔고 정신없이 바쁘고 들떠 있지 않은가? 남을 이기고 싶고 잘나고 싶은 마음으로 가득 차 있지 않은가? 주야로 그렇게 정신을 팔고 다니는데, 어떻게 보통 사람의 마음이라고 할 수 있겠는가? 그러한 사람들은 기본적이고 평범한 것에는 관심이 없고, 특수하고 싶고 특출하게 되고 싶어서 안달 난 사람들이다. 그러한 사람들은 평범한 도를 지나쳐버리고, 특수하고 특출한 도만 찾아다닐지도 모른다. 시장에서 알아주는 값나가는 도, 세계에서 알아주는 박수갈채받는 도, 크고 진귀하고 오묘하기 그지없는 도, 그러한 것들이 그들의 도다. 그러니 그들이 어찌 보통 사람의 도를 찾겠는가? 그러니 그들이 어떻게 보통 사람인가?

특수하고 특출한 데 안달이 난 사람들은 특수한 방식, 특출한 제도를 만들어냈다. 그들만이 아는 말과 글로써 이 세상에 온갖 관념과 상징과 형상을 벌여놓았다. 그리고는 그 속에서 그들 나름의 도를 진짜 도라고 주장하고 선전하면서 역사를 엮어왔다. 그러자 평범하게 자연의 이치를 알고 사람의 도리만 다하고 살면 그것이 도인 줄 알고 살아왔던 보통 사람들이 그만 어리둥절하게 되었다. 제 잘났다고 설쳐대며 북 치고 장구 치는 특수한 사람들 때문에, 조용하던 세상은 점차 특출한 방식으로 도를 말하고 가르쳐야 진짜 도인 줄 여기게 되었다. 그런 세상에서 우위에 선 특별한 사람들은 더욱더 그런 제도와 방식을 부채질했다. 그것을 잣대로 우열을 정하고 서열을 매기기까지 했다. 그리하여 보통 사람의 보통 방식을 하찮은 사람의 하찮은 짓으로 전락시켰다.

지금 오늘의 도시, 특히 대도시는 보통 사람이 사는 마을의 보통의 시장이 아니라, 특수한 사람들이 인위적으로 만들어놓은 특별한 시장으로 변하고 말았다. 그런 특별한 시장에서 최고로 값나가는 것이 최고의 도가 된 세상, 그것이 현대 사회다. 그런데 이러한 세상에서 그대는 정말 보통 사람의 생활방식과 자연의 순리대로 세상을 바라보는 눈을 희망할 수 있는가? 특수하지 않고 보통으로 살아갈 생각이 과연 있는가? 오히려 그대는 특별한 시장에서 특출한 가치를 인정받는 사람이 되고 싶어 하지 않는가? 그리고 그것이 요즘 세상의 보통 사람이라고 말하고 싶어 하지 않는가? 특출한 것을 좋아하는, 가짜 보통 사람의 가짜 보통 세상을 진짜 보통 사람의 진짜 보통 세상이라고 우기고 있지 않은가? 그렇다면 그대는 한

보통 사람도 '도'와 통할 수 있다

눈을 판 사람이다. 보통 사람의 눈으로 볼 때는 정신을 판 사람이다. 그대는 특별한 도만을 도라고 여기고 싶은, 특별하게 되고 싶은 사람이다. 그래 놓고 어떻게 보통 사람의 평범한 이치를 알고 싶다고 말할 수 있겠는가? 어떻게 붓다의 평범한 진리를 원할 수 있겠는가?

그대는 평범한 진리보다 대단한 진리를 기대하고 있는 사람이다. 그대는 붓다의 화려한 외피와 현란한 이력을 보고 따르고 있는 사람이다. 그가 왕족 출신이 아니었고, 그가 설산고행을 하지 않았으며, 그가 거룩한 모습을 띠지 않았고, 그에게 수많은 사람이 머리 조아리고 숭배하는 광경이 없었더라면, 그대는 거들떠보지도 않았을지 모른다. 그 어렵고 현학적인 경전과 논장과 율서가 없었더라면, 대단치도 않은 사람의 대단치도 않은 이야기로 흘려버리고 말았을지도 모른다. 그리하여 평범하고 단순 명백한 이치 속에서 위대한 진리를 찾는 사람들을 오히려 어리석고 열등한 사람들이라고 취급했을지도 모른다.

그러한 사람들은 붓다와 같은 시대에 브라만들의 거창한 신화와 이야기를 좇던 부류와 다름없는 사람들일지 모른다. 그러한 사람들은 일면적·부분적·일시적 이차 진리에 집착하고 있다. 그들의 지위와 그들의 번영이 거기에 달려 있다고 믿기 때문이다. 그러나 그렇게 살아갈수록 그들은 하나의 잘못에 둘을 더하고 다시 셋을 더해 점점 더 허망한 자기소외와 자기상실의 나락으로 전락하고 만다. 가지면 가질수록 잃게 되고, 높아지면 높아질수록 추락하게 되며, 억세면 억셀수록 비참하게 되는 것이다. 어쩌면 이러한 사실조차 깨닫지 못하고 몽매에 젖어 부나비처럼 살다가 스러져갈지도 모른다. 그 수많은 부귀공명이 의미가 없는 것이다.

마음 푸른 청춘들이여, 제발 그런 길은 가지 말아다오. 거기 진정으로 길을 찾고 싶고 알고 싶고 고민하는 젊은 마음을 지닌 사람들에게 말을 건네본다. 우리 모두 한눈을 팔고 정신을 빼앗기기도 하지만, 그래도 청춘의 마음을 가진 사람들은 결론을 고집하지는 않는다. 언어와 형상으로 나타내는 그 어떠한 사상에도 진리의 지위를 부여하지 않는다. 다만 겸허한 마음과 성성한 눈으로 돌아가고자 노력하며 순수한 보통 사람의 한가운데로 돌아와 평범하게 살아보고자 길을 물을 뿐이다.

붓다. 그는 보통 사람에게 평범하고도 단순하며 명백한 이치를 설명한 사람이다. 특별히 재주 많은 사람들 속에 살다가 휩쓸려 평상심을 잃고 방황하는 사람들에게, 그는 '평상심이 도'라고 일깨워주었을 뿐이다.

보통 사람도 '도'와 통할 수 있다

# 네 가지 진리를 현대적으로 읽기

●
○

붓다는 허무와 부정의 사상을 말하지 않았다. 다만 조건적이고 변화한다는 이치를 말했을 뿐이다. 선입견으로 잘못 이해한 경우도 많았다. 삶은 고해이고, 이 고해 인생은 죽어 열반의 세계에 들어야 해방되는 것으로 오해했다. 열반은 죽음의 세계가 아니다. 삶도 열반이 될 수 있고, 죽음도 열반이 될 수 있다. 삶과 죽음 가운데서 삶과 죽음에 초연할 수도 있는 것, 이것이 열반이다. 열반은 특별한 세계가 아니라, 그저 변화하는 이치대로 자유롭고 편안하게 살 수 있을 때 이루어지는 것일 뿐이다. 그런데 어찌해서 이것이 허무와 부정의 사상인가? 변화를 부정의 과정이라고 본다면, 이 세상 어느 것인들 부정의 과정이 아닌 것이 있겠는가? 그런 의미에서라면 생성도 부정이요, 창조도 부정이다. 성장과 발전도 부정이며, 파괴와 소멸도 부정이다.

붓다는 어떤 특정한 목적과 의미를 가진 삶만을 삶이라고 주장한 적이 없다. 삶 자체도 고정된 삶이 아니다. 변화하는 이치를 부정하고 거스르려는 삶은 결국 자신이 소외되는 결과만을 낳을 것이라고 말했을 뿐이다. 그러므로 변화를 설하는 붓다의 뜻이 부정이 아니라, 변화를 마다하고 특정한 사물과 특정한 입장과 특정한 면에 집착하고자 하는 것이 부정의 사상이다. 그러한 사상이야말로 자유와 창의를 저상시키고 가로막는 '부정의 철학'이며, 붓다의 사상은 철저한 부정을 거친 뒤의 '긍정의 사상'이라고 할 수 있다. 붓다는 생명의 무한한 변화 가능성을 긍정하는 사람이자, 죽음조차도 삶의 하나로 보는 삶의 찬미자다.

그는 사후 세계가 영원한 안식처라는 말을 하지 않았다. 사후에 대해 얘기하지 않았다. 모든 것은 무상, 즉 영원불변하는 것이 아니라 변화한다고 했을 뿐이다. 그러한 그가 사후의 극락과 지옥을 말했겠는가? 영원불멸의 세계를 말했겠는가?

싯다르타가 이 세상에 태어나기 이전의 수메르나 이집트의 신앙 속에 서방 낙원의 신화가 있었고, 고대 힌두 전통과 페르시아 신앙 속에도 아미타불과 미륵보살의 신화와 유사한 것이 있었다. 그것은 붓다가 종교적 환상과 방편이라고 간주하던 요소였다. 그런 것들은 붓다의 사후, 그의 사상이 이미 기성 종교화되어 기득권의 질서 속에 편입되고, 조직과 제도화 과정에서 대중을 포섭하기 위해 섞여 들어온 이질적 요소에 지나지 않는다. 방편이라는 수단으로 그의 사상을 상당 부분 굴절·왜곡한 점을 부정할 수만은 없는 것이다. 이것은 다른 모든 기성 종교의 경우에도 마찬가지다.

다시 한 번 말하거니와, 붓다는 삶이 이러하다거나, 죽음이 이러하다거나 하는 식의 고정된 명제로 설명한 것이 없다. 나아가 사후 세계가 어떻다고 단정한 것도 없으며, 그것이 영원불멸의 낙원이나 지옥이라고 규정한 것도 더더구나 없다. 삶도 죽음도, 죽은 뒤의 어떠한 것도 고정 불변하지 않고 변화하는 것이라는 이치를 말했을 뿐이다. 어떤 사물이나 감언이설에 현혹되거나 집착하지 말라고 누누이 말했을 뿐이다. 변화하는 삶은 변화하는 흐름에 따라 살면 된다. 다만 조화로운 자연에도 현상적으로 보면 투쟁이나 모순이 있는 것처럼, 삶 속에도 고통과 갈등이 있을 수 있다는 사실을 직시하자는 것이다. 이 모든 것이 다 삶의 양상이고 삶의 변화하는 모습이므로, 어느 한 편에 집착하거나 기울지 말라는 것이다. 있는 그대로, 변화하는 대로 받아들이고 살다 보면 자유롭고 안심할 수 있는 삶이 가능하다는 이치를 설명했던 것이다.

초기경전 속에 나오는 붓다 최초의 말씀인 '네 가지 진리', 즉 사성제四聖諦를 고苦집集멸滅도道라고 한다. 삶의 현실을 고라고 하고, 그 고의 원인을 집이라 하며, 고에서 벗어나고자 하는 삶의 목표를 멸이라 하고, 그 목표를 이루는 길을 도라고 한다. 이 네 가지 진리를 다른 방식으로 말한 것이 사법인四法印이다. 사법인은 제행무상諸行無常, 제법무아諸法無我, 일체개고一切皆苦, 열반적정涅槃寂靜을 말한다('일체개고'를 빼고 삼법인三法印을 말하기도 한다). 이 사성제와 사법인을 오늘날의 말로 풀어보자.

## 제행무상

모든 생성되고 조건 지어져 있는 것은 고정 불변의 것이 없으며 끊임없이 이행하고 변화한다. 있다고 여기는 것은 '조건의 유동성과 변화 과정 속에 있는 현실성'이다. 이것이 저것으로 변화하고, 저것이 이것으로 변화하는 관계도 그러한 과정의 한 표현이다. 아니, '이것' '저것'이란 말 자체도 엄밀한 관점에서는 성립하기 어렵다. 처음부터 고정 불변의 이것도 없고 저것도 없었기 때문이다. 하나하나의 개별적 현상을 고정 불변의 실체로 보는 입장은 변화와 유동성을 모르는 견해다. 하나는 하나로 고정되어 있지 않고, 여럿은 여럿으로 계속 머물지 않는다. 또 하나는 여럿이 있음으로 해서 '하나'요, 여럿도 하나가 있음으로 해서 '여럿'이다. 있음과 없음의 관계도 이와 같다. 있음에서 없음으로, 없음에서 다시 있음으로 변화한다. 정신과 물질이라는 것도 고정 불변의 고유한 실체가 아니다. 이 또한 변화하는 현실의 한 표현일 뿐이다. 조건 지우고 조건 지어지는 유동적인 현실이 있을 뿐이다. 그 현실도 계속해서 변화하고 있다.

사실이 이러함에도 많은 사람은 자기가 바라는 대로 사실이 바뀌기를 기대한다. 조건적인 것을 무조건적인 것으로, 상대적인 것을 절대적인 것으로, 임시적인 것을 영원한 것으로, 무상한 것을 고정 불변의 것으로 상정하고 싶어 한다. 그러나 진실은 외면할 수도 회피할 수도 없다. 바람대로, 충동대로 될 리가 없다. 기뻐하고 즐거워하는 것도 뒷날에 공허와 슬픔의 원천이 될 수 있음은 이러한 이유에서다. 그리하여 삶은 고의 차원을 완전히 벗어나기 어렵다는 현실을 부정할 수 없게 된다. 이것을 일러 '생은 굴레 씌워진 조건의 세계', 즉 '고苦'라고 한 것이다.

## 제법무아

영원불변의 보편적 가치를 지닌 것은 없다. '나'란 것도 없다. 내가 붙들고 매달리고 머무를, 어떤 실체적인 것도 없다. 그러한 개체적인 실체도 없고, 그러한 전체적인 실체도 없다.

　왜 삶은 조건 지어져 있으며, 고라고 여겨지는가? 그것은 삶 그대로의 진실을 외면하고, 각자가 자기 나름의 진실을 세워 거기에 머무르려 하며, 그러한 것을 되풀이해 버릇처럼 키워왔기 때문이다. 살아 있다는 것 자체가 바로 유동성이고 자유로움이며 '마음대로 삶을 구가하고 싶음'이기 때문에, 그러한 가상의 진실까지도 삶은 스스로 내세우고 있는 것이다. 삶은 이런 삶, 저런 삶 하는 식으로 고정되지 않았다. 제 스스로 세우고 머무르고 집착하면서 고라고 여기는 것이다. 그 가상의 진실을 꿰뚫어 보면, 삶은 늘 변하고 있을 뿐이며, 그 가상의 진실조차 끊임없는 변화의 가능성을 갖는다. 어느 한쪽에 집착해 다른 쪽을 마다하고, 있음에 집착해 없음을 두려워함은 삶이 그런 식으로도 여길 수 있게 변화할 수 있다는 사실을 말해주기도 한다. 그렇기 때문에 삶은 다시 변화하고 발전할 수도 있는 것이다. 삶은 '자기 규정적인 변화 과정'이라고도, '유동성 속

26

1 • 다시 보는 붓다의 핵심 사유

의 자기 규정적인 것'이라고도 표현할 수 있는데, 존재하는 모든 것의 생성·변화가 이러하다. 고의 원인은 집集, 즉 어떤 사물이라고 규정한 것, 그리고 그러한 관념의 집합에서 나온 집착일 뿐이다.

## 일체개고

삶과 평안과 즐거움에 집착하는 자는 죽음과 불안과 노고를 생에 대한 제약적 조건으로 여기고 삶을 고라고 여긴다. 삶은 조건적이며 변화하는 것이므로 영원하기를 바란다면 모든 것이 다 고다.

　우리의 목표는 자명하다. 무한히 변화하는 삶 그대로 무한한 가능성을 펼치며 사는 것이다. 모든 것은 변화하고 고정되어 있지 않으며, 이것이 저것으로도 변화하고, 저것이 이것으로 변화하기도 하므로, 변화하는 대로 살기만 하면 되는 것이다. 나의 것이 고정적으로 나의 것이 아니고, 다른 사람, 다른 존재의 것 또한 그러하다. 하나도 고정적이 아니고, 여럿 또한 고정적이 아니다. 모두가 변화하고 전화轉化한다. 어느 것 하나 절대적으로 관계없는 것이 없고, 모든 것이 서로 상대적으로 조건 지어져 있으므로 상황과 조건에 따라 일희일비하며 흔들릴 필요도 없다. 이것이 삶 그대로 사는 삶이다. 누가 이런 삶을 유유자적한 삶이니, 열반적정涅槃寂靜의 세계니 이름 붙일지 모르나, 이런 삶 또한 집착할 필요가 없다. 이 적정의 세계도 고정 불변의 것이 아니기 때문이다. 여기에 머물려고 하거나 매달린다면, 그것은 이미 흔들리고 있는 것이다. 열반이 고정 불변의 목표라면 이미 열반이 아니다. 삶이 삶인 이상 움직임은 계속된다. 이것과 저것, 있음과 없음의 세계가 아니라, 생성과 이행과 변화의 세계가 삶이요 존재의 세계다. 이러한 삶을 사는 길이 있을 뿐이다. 바로 이것이 자유의 삶 그 자체다.

## 열반적정

삶의 진실을 직시한 자는 변화대로 살아가면서도 흔들리지 않는다. 삶도 삶대로 살고, 죽음도 변화로서 받아들인다. '나'의 경우도 '너'의 경우와 같은 마음으로 보고, 그와 우리, 우주 전 생명의 경우도 그렇게 본다.

어떻게 하면 그렇게 될 수 있는가? 삶의 진실을 직시하는 순간 길은 이미 밝혀졌다. 다만 아직도 진실을 외면하는 조건과 상황 속에서 나름대로의 진실을 붙들고 살아온 유전流轉과 역사가 있을 뿐이다. 물리적 우주의 세계뿐만 아니라 상징적 우주의 세계 속에서 살아온 이력이 있기 때문이다. 신화와 종교, 언어와 예술, 역사와 과학 등 수많은 관념의 집적물 속에서 살아왔기 때문이다. 그러한 것들을 한 번도 제대로 정리하지 못한 채로 오래도록 분망했다. 안타까운 사실은 아직도 많은 인류가 환상과 허위의식의 함정에 빠져 있으며, 그러한 관념의 퇴적물이 만들어놓은 제도와 구조의 질곡 속에서 문제를 문제로 제대로 알아차리지도 못한 채 성급한 해결에만 급급해하고 있는 것이다.

그 길은 가깝고도 멀다. 길은 '지금 여기'에 있으며, 동시에 길은 머나
먼 여정 속에 있다. 지금 여기의 삶을 사랑하고, 자유를 마음껏 노래하고
픈 생명력으로 삶의 진실을 직시하자. 그리하여 그 무한한 가능성의 나래
를 펼쳐 광대무변廣大無邊한 자유와 생명의 세계로 나아가자. 애타게 갈망
하는 에로스Eros도, 불붙는 정염情炎도 모두 생명의 원천이 흘러넘쳐 방황
하는 몸짓이다. 그러한 몸짓과 표현, 그것을 삶의 순리대로 흐르게 하자.
그리할 때 너도 나도 우리 모두가 변화에 자재하는 자유의 삶을 살 수 있
으리니, 집착에 자유를 빼앗기지 않도록 하고 동시에 허무에 가슴이 병들
지 않도록 유의하자.

삶은 허망한 것이 아니라 단지 변화하는 것일 뿐이다. 삶의 허망함은
그대의 생명력, 삶을 사랑하는 무한한 에너지가 '힘과 권력에 대한 욕망'
으로 변해 조건과 상황에 부딪혀 작열하는 순간 발생하는 것이다. 타인의
권력과 금력과 영예에 대한 부러움으로 말미암아 그들의 들러리가 되어
환상을 뒤쫓고 환희에 취하다 황량한 현실로 돌아오는 때는 없었던가?
힘과 권력을 쫓는 의지의 대가는 '권력의 노예로의 전락'이다. 무한한 삶
의 에너지, 그 불붙는 사랑의 정열을 자유로운 삶을 향해 승화시켜라. 힘
은 자유의 에너지로 화해 더욱 생명력 넘치는 삶으로 인도하리라.

멀고도 먼 길을 앞에 둔 우리, 다 같이 먼저 구조와 제도의 허울을 벗기
고 그 은폐와 왜곡, 파행과 굴절을 보자. 한순간도 쉬지 않고 '지금 여기'
삶의 진실은 살아 움직이고 있다는 사실을 다시 한 번 발견하자. 그것은

그대의 무한한 잠재력이 그 은폐와 왜곡을 꿰뚫고 극복하는 작업에 크나큰 힘으로 작용할 것이다. 가능성은 희망을 낳고 희망은 변화를 낳는다. 그리하여 자신과 타자에 의해 덮어 씌워진 질곡을 벗어버리고 삶의 진실을 향해 눈을 활짝 열도록 하자. 이것이 길 아닌 길, 도道다. 삶을 삶답게 하는 그 모든 길은 다 도인 것이다. 그러나 그러한 도 또한 고집하는 순간 이미 도는 아닌 게 된다. 이것이 네 가지 의미의 마지막이다.

# 불교는 삶을 괴로움이라고 단정했는가

'하라, 해도 좋다, 그렇다'라고 적극적positive 방식으로 표현하면 긍정적이고, '하지 말라, 해서는 안 된다, 아니다'라고 소극적negative 방식으로 표현하면 부정적인가? '이것만은 해서는 안 된다'고 하는 경우와 '이것은 해도 된다'고 하는 경우 중에 어느 쪽이 당신의 자유에 긍정적인가?

불교의 경우 '정한 법이 없다' '내가 없다' '무無' '공空' '욕심을 버려라' '삶은 고苦다' '갈망과 애착이 끊어진 곳이 열반이다'와 같은 네거티브 방식의 표현이 자주 나오므로 불교를 부정적 이미지의 사상으로 여기기 쉽다. 보통 적극적·긍정적 표현은 이미 존재하는 어떤 것으로 표현할 수밖에 없는데, 이미 존재하는 개념이나 용어가 의미에 딱 들어맞지 않는다면 어떻게 할 것인가? 부득이 '아니다, 그렇지 않다'라고 말할 수밖에 없다. 불교의 진면목은 이런 언어 표현의 고정적인 틀을 벗어나는 데서 드러나기 시작한다.

## 인생은 정말 고통인가

삶이 육신의 괴로움에서 선정禪定의 행복까지 모두 무상하고 상대적이며 불완전한 것이라면, 그것은 고통일 것이다. 살아 있는 한 어떤 미세한 번뇌라도 있게 마련이다. 그러나 그러함에도 평상심으로 자연스럽게 여긴다면, 그것이 열반이다.

'인생은 고苦' 이것이 불교의 이미지를 삶의 어두운 면을 강조하는 것으로 만드는 요인이 되었다. 그러나 여기에는 문제가 있다. 스리랑카의 고승 왈폴라 라훌라를 비롯해 고대의 언어와 경전에 정통한 사람들에 의하면, 고제苦諦의 번역과 해석에 오해가 있었다. 불교를 염세주의나 허무주의로 잘못 이해하는 이유는 이러한 안이한 번역과 피상적인 해석에 있다는 것이다. 고를 팔리어 원어로는 '두카dukkha'라고 하는데, 여기에는 여러 가지 의미가 있다.

두카라는 용어가 괴로움이라는 뜻을 분명히 포함하고는 있지만, 붓다의 삶에 대한 견해를 나타내는 표현에서 보면 그보다 훨씬 더 깊고 넓은 의미를 갖고 있다. 여기서 두카가 의미하는 것은 괴로움을 포함하되 우리가 보통 '고통스럽다'는 뜻의 괴로움만을 의미하는 것이 아니라, 불완전하고 조건 지어진 것이기에 결국은 괴로울 수밖에 없는 그 모든 것을 포함한다. 보통 일반적으로 행복이라고 인정하는 세속생활의 즐거움이나 정신적·문화적 향유까지 포함하고 있다. 변하기 쉽고 무상해 결국은 안타깝고 공허한 느낌을 주는 것이라면, 선정 상태의 정신적 행복까지도 포함하는 것으로 해석해야 한다는 것이다. 그러므로 두카는 일반적 의미에서의 괴로움이 아니라, '무상한 것은 무엇이든지 괴롭다'란 의미에서의 괴로움이라고 해야 할 것이다. 그러므로 차라리 다음과 같이 표현하는 것이 좋을 것이다. '일반적으로 삶은 조건 지어져 있고 불완전하며 무상하므로, 결국은 괴로움에서 완전히 벗어나 있지 않다.' 이것이 이른바 고제苦諦라고 하는 것으로, 오해를 피하려면 원어 그대로 '두카'라고 해두는 것도 괜찮지 않을까 한다.

수행자들의 모임인 상가는 물론이거니와 보통 사람에게도 물질적·정신적인 여러 형태의 행복이 있을 수 있으나, 이러한 모든 행복도 결국은 무상할 수밖에 없고 변하기 마련이므로 두카다. 이런 것에 삶의 목표를 두고 매달려 사는 것은 끝내 서글픔이나 괴로움의 바다에서 벗어나지는 못하는 것이라고 일깨우고 있는 것이다.

이런 관점에서 보면 제도濟度받지 않은 삶은 다 고다. 구원받을 수 없는 삶은 다 고라고 말할 수 있다. 그렇다고 붓다는 사람들에게 삶이란 무조건 괴로운 것이니까 당장 그런 삶을 걷어치우라고 말한 적이 없다. 기쁨과 즐거움도 있다는 것을 인정하지만 그것에만 매달리다 보면, 결국은 허무해지고 만다는 사실을 말했을 뿐이다. 그는 오히려 삶의 진실을 바로 알기 위해서는 여러 가지 인생 경험과 삶의 감각적 쾌락에 관해 알아야 한다고 말하면서 다음과 같은 몇 가지 사실을 상기시키고 있다.

삶의 한편에는 기쁨과 즐거움의 감미로운 낙미樂味와 가슴을 설레게 하는 환희가 있다. 그러나 그러한 낙미와 환희는 영원한 것이 아니다. 상황도 변하고 너와 나, 우리 모두의 유기체와 그 감각도 변한다. 삶에는 예기치 않던 일도 발생하며 개인으로서는 어찌할 수 없는 불가항력적인 사태도 일어난다. 그럴 때 사람들은 이별과 슬픔과 좌절의 고통에 빠지게 되고 고독과 허무와 불안에 잠기게 된다. 그러나 세월이 가고 상황이 또다시 변해 새로운 삶의 나날을 맞이하는 가운데 사람의 마음은 변화를 받아들이게 된다. 이러한 때 당신이 낙미와 환희에 넋을 빼앗기지 않고 슬픔과 불안에 산란해지지 않을 수만 있다면, 그대는 자유롭고 편안해질 수 있을 것이다. 이것이 바로 붓다가 말하고자 하는 삶의 진실이다.

그가 말하고자 하는 것은 결코 염세주의도 아니고 낙천주의도 아니다. 비관과 낙관의 문제가 아니라 진실의 문제다. 붓다는 현실적이고 객관적이었다. 그는 사물을 있는 그대로 보게 한다. 삶을 있는 그대로 이해하기 위해서는 삶의 즐거움뿐만 아니라 괴로움도 알아야 하고, 그러한 즐거움과 괴로움에서 벗어나서 새로운 삶을 사는 것도 알아야 한다. 이 모든 것이 삶의 진실이다. 이러한 진실을 직시하고 깨달아야 진정한 자유와 해방의 세계가 가능하다. 삶의 진실, 그것을 표현한 것이 두카이다. 결코 우리가 흔히 말하는 고통이나 괴로움만을 의미하는 것이 아님을 분명히 알아두어야 하겠다.《중아함경中阿含經》에 붓다가 쾌락에 대한 객관적인 이해를 강조한 대목이 있다.

"수행자들이여, 어떤 은둔자나 브라만들이 감각적 쾌락의 향유는 향유고, 불만족은 불만족이며, 그것으로부터의 해방은 해방이라는 것을 사실대로 파악하지 못해 있는 그대로 알지 못한다면, 그들 스스로 감각적 쾌락의 욕망을 완전히 이해한다는 것은 불가능할 것이고, 다른 사람들을 가르쳐 이해시키는 것도 불가능할 것이며, 그 가르침을 따르는 사람이 완전히 이해한다는 것도 불가능할 것이다.

그러나 수행자들이여, 감각적 쾌락의 향유는 향유고, 불만족은 불만족이며 그것들로부터의 해방은 해방이라는 것을 제대로 안다면, 그들 스스로도 감각적 쾌락의 욕망을 완전히 이해할 수 있을 것이고, 다른 사람들에게 가르쳐 이해시킬 수도 있을 것이며, 그 가르침을 따르는 사람이 완전히 이해할 수도 있을 것이다."

이 얼마나 객관적이고 실제적인 인식 태도인가? 삶의 진실을 제멋대로 이렇다 저렇다 인식하고 판단하지 말라. 향유가 향유가 아니라거나, 불만족이 불만족이 아니라거나, 그것들로부터의 벗어남이 벗어남이 아니라거나 말하지 말라. 사실은 사실대로 보고, 있는 그대로 인식하고 판단하고 가르쳐라. 이것이 붓다의 시각이요 관점인 것이다. 쾌락의 향유는 향유라는 사실에 기울어져 낙천주의·낙관주의가 되는 것도 아니요, 쾌락의 불만족이 불만족일 수밖에 없는 사실에 기울어져 염세주의·비관주의가 되는 것도 아니다. 또 쾌락으로부터 벗어남이 실로 벗어남이라고 해서 쾌락의 향유나 불만족이 엄연히 존재하는 사실을 외면하거나 무시하라는 것도 아니다. 오히려 그것을 직시하고 제대로 이해하며, 이 쾌락으로부터의 벗어남도 존재한다는 사실과 더불어, 삶의 진실을 온전히 파악할 때에야 비로소 참다운 평안과 자유가 도래한다는 이치를 설파하고 있는 것이다.

이것이 어찌 부정의 사상이며, 내세의 종교인가? 말로는 붓다로 추앙하면서 그 언설의 일면만을 강조함으로써 그의 참뜻을 치우치게 하고 왜곡한다면, 그것이야말로 붓다를 섭섭하게 하는 짓이다. 천지에 절간 하나없고 금빛 찬란한 불상조차 찾아볼 수 없었던, 고타마 싯다르타가 단지 사람의 모습으로 존재하던 당시로 돌아가 그가 일러주던 삶의 진솔한 이야기에 귀를 기울이자. 스스로 경험하고 스스로 생각하며 스스로 깨닫는 것만이 오직 삶의 피가 되고 살이 되며 참다운 자유와 행복에 도달하게 된다는 것, 그것이 그의 언설의 골자다. 다만 가지가지 삶의 체험 뒤에 이르는 무상과 변멸의 느낌이 삶의 괴로움으로 남는다면, 그대는 분명 지금까지 인습적으로 살아왔던 삶의 태도를 전환하지 않으면 안 된다는 사실에 직면할 것이다.

붓다 스스로는 이러한 전환을 택했고, 그와 같은 문제의식을 갖고 존재의 근원적 진실에 도달해 자유와 안심의 경지를 추구하고자 하는 사람들에게도 그러한 길을 권유했다. 그는 사물의 일면과 부분에 머물러 있지않았다. 그렇다고 전면적 사실과 전체적 모습이 그 일면과 부분을 떠나별개로 존재한다는 견해를 갖지도 않았다. 다만 일면과 부분에 치우쳐 오늘의 즐거움이 내일의 괴로움으로 변멸하는 가운데 스스로 번민하는 사람들이 존재한다는 것, 그리고 깊이 들여다보면 거의 모든 사람이 그러한 번민에 시달리고 있다는 것, 그리고 그러한 사실을 외면할 수는 없다는 사실을 그는 잘 알고 있었다. 그리고 그것을 남의 힘을 의지하는 것으로,

어중간한 지식과 어설픈 결론으로 해결할 수 없으며, 더구나 과장과 허위, 신화와 환상으로 현혹해서는 안 된다는 것을 잘 알고 있었다.


## 진리는 살아 움직이는 것이다

진리는 철저한 탐구 과정이며, 추구하는 모든 내용을 포괄하는 전면적·전체적 삶이다. 그 전면이 일면을 떠나 별개로 존재하지 않고, 그 전체가 부분을 압도하거나 좌우하지 않는 삶이다. 즉 추구하는 과정 없이 전체적 삶이 있을 수 없고, 전체적 삶이 추구하는 과정을 떠나 있을 수 없다. 길은 길이면서도 목표고 과정이다. 개체와 전체에 아울러 충실하며 과정과 목표에 아울러 성실한 것, 그것이 붓다의 뜻이다.

그는 세상의 삶을 고라고 단정하지 않았다. 다만 '무상하다' '조건 지어져 있다' '상대적이다'라고 했을 뿐이다. 싯다르타는 이른바 세속의 삶, 즉 인습적 생활방식을 버렸다. 신선의 삶, 천상의 삶에 비유되기도 하는 아름답고 찬란한 세상까지도 버렸다. 심지어 깨달음으로 가는 길목에 환희심으로 얻을 수 있는 저 깊고 오묘한 선정의 즐거움까지 버렸다. 성속을 불문하고 무상하고 조건 지어져 있으며 상대적인 모든 것을 철저히 부정하고 부정했다. 그리하여 세상의 모든 것은 조금도 남김없이, 일체가 변멸하는 무상의 이치를 벗어나지 않는다고 말했다.

그에게는 극락과 천국 같은 희유의 세계도 이미 없었다. 그가 영원의 복락을 누리는 세계가 있다고 한다면, 어찌 일체가 무상하다고 했겠는가? 어찌 제행무상의 외침을 오랜 침묵 뒤에 세상에 밝혀 보인 제일성으로 삼았겠는가? 싯다르타는 부정의 철학을 고집하지 않았다. 부정하고 부정해 영원히 부정할 수밖에 없는 것이 삶의 실상이라고 한다면, 그가 어찌 자유와 해방을 말했겠는가? 어찌 해탈과 열반의 길을 외칠 수 있었겠는가? 부정에 부정을 거듭하나 끝내 부정으로서만 결론지을 수 없는 고정된 부정의 실체가 삶이 아니기에, 아니 고라고 단정 지을 수 있는 고정된 것이 아니기에 오히려 부정을 말하고 무상을 말하지 않았겠는가?

세속의 삶을 버리고 거룩한 선정의 즐거움마저 부정하면서 전진에 전진을 거듭하는 젊은 싯다르타의 모습을 상상해보라. 거기에 삶에 대한 무한한 긍정의 희망이 없었다면, 그러한 전진이 가능하겠는가? 무상하고 허망한 여러 가지 삶의 모습을 꿰뚫고, 아니 무상하고 허망한 모습 그대로 자유와 해방이 가능한 길이 있을 것이라는 신념이 없었다면, 그토록 진리를 찾아 오래도록 헤매지는 않았을 것이다. 자유로울 수 있는 삶, 아니 삶이란 원래 자유로운 것이기에 해탈을 말하지 않았겠는가? 안심입명安心立命(완전히 평정함에 달한 상태)의 삶, 아니 삶이란 안심입명 바로 그것이기에 열반을 말하지 않았겠는가?

모든 사물의 이행과 변화에는 항상 고정 불변의 것이 없다. 이것이 제행무상이다. 그러므로 고도 낙도 변화한다. 무상하다는 것이 반드시 허망하다는 것을 의미하는 것은 아니다. 고정 불변하는 실체에 집착하는 관점에서 본다면 변화를 허망하다고 말하겠지만, 그러한 관점에서 벗어난다면 변화하는 사물이야말로 오히려 당연하고 마땅한 것이다.

당신이 이 세상에서 가장 기쁘고 즐겁다고 여기는 것이 영원히 변하지 않고 그대로 있다면, 과연 기쁘고 즐겁겠는가? 당신이 무릉도원에서 쾌락을 누리는 그 순간이 영원하다면, 그리하여 그것 말고는 다른 아무것도 할 수 없고 아무런 변화도 일어나지 않는다면, 과연 그 쾌락이 기쁘고 즐겁겠는가? 천만의 말씀이다. 당신이 영원하기를 바라는 그 순간은 변하기 마련이기 때문에 영원하기를 바라는 것이다. 모든 것이 영원하다면, 당신은 변화하기를 바랄 것이다. 이 세상에 변화가 없다면, 사람들은 변화를 갈망할 것이다. 변화가 있으므로 변화가 좋은 줄 모른다. 이 세상의 어떤 것도 변화하지 않는 것은 없고, 어떠한 상태로 고정되어 있지 않기 때문에 삶 자체가 유지되는 것이다. 당신의 몸과 마음도 이 변화하는 이치 때문에 유지되는 것이다. 이 순간부터 고정 불변이라면 어린이는 영원히 어린이로, 이곳은 영원히 이곳으로, 이 상태는 영원히 이 상태로 정지되고 말 것이니, 그때는 사람들이 두 손 들고 항복할 것이다. 제발 변화가 좀 있게 해달라고. 모든 것이 상대적이고 조건적이고 변화한다는 이 이치가 얼마나 좋은 것인 줄 깨닫는 순간, 사람은 평범함 속에 위대한 삶을 사는 것이다.

붓다는 삶이 고苦라고 말하지 않았다. 그는 "삶은 조건적이다" "변화하여 고정 불변의 것은 없다"고 했다. 무상하고 조건적인 그 어느 때 그 어느 곳 그 어떠한 것에 삶의 의미를 둔다면, 그것이 변하고 그 의미가 쇠할 때 삶은 허망한 것이리라. 삶이 이미 허망한 것임에 죽음조차 의미가 없

불교는 삶을 괴로움이라고 단정했는가

는 것이리라. 그러나 그 어느 때 그 어느 곳 그 어떠한 것에 내 삶의 의미를 고정해두지 않는다면 삶은 무상하지만 허망한 것은 아니리라.

그리하여 기쁜 일이 있을 때 기뻐하고, 슬픈 일이 있을 때 슬퍼하며, 즐거운 일이 있을 때 즐거워하고, 괴로운 일이 있을 때 괴로워하는 것이 아주 자연스럽고 일상으로 여겨지는 사람에게는 인생은 고가 아니라 그저 인생일 뿐이다. '내 얼굴'이 없어져도 아무개 '네 얼굴'은 있고, 또 '네 얼굴'은 없어져도 아무개 '그 얼굴'은 있으며, '그 얼굴'이 없어져도 우리 얼굴, 그리고 한없는 생명의 얼굴은 있고, 그런 것까지 없어져도 변화하는 우주가 있으며, 우주가 없어져도 다시 변화해 끊임없이 돌고 도는 것이 삶이라는 이치를 알고 있는 사람에게는 그 없어짐은 하나의 변멸일 뿐 다른 아무것도 아니라는 것, 그러므로 우주의 변화조차 자연스럽고 지극히 일상적인 것이다. 이 일상적이고 자연스러운 삶이 어떻게 고라고 단정할 수 있는가?

# 두카의 원인도 두카의 해결도
## 두카 속에 있다

○

### 늘 건강하고 의욕적이었던 붓다의 동지들

일부 사람들이 오해하듯이, 붓다의 동지들, 즉 붓다와 함께한 사람들이 삶에 대해 비관적이거나 부정적인 것은 아니었다. 그들은 삶의 진실과 존재의 실상, 즉 두카(무상·불완전·고)를 있는 그대로 보고 알았기 때문에, 두카가 어떻게 일어나고 어떻게 그치는지도 잘 알고 있었다. 그들은 사물을 있는 그대로 파악하고 받아들였기 때문에 무상한 현상이나 뜻하지 않은 재난에 대해 절망하지 않았고 언제나 침착하며 굳건했다. 그들은 일부분에 이끌려 얽매이지 않았고 전체적·종합적 삶을 마음껏 향유했으며, 피상에 머물지 않고 구체적 내용을 속속들이 체험하면서 살았다. 긍정적이든 부정적이든 언제나 흔들림이 없었으며, 변화를 즐겼고, 하나와 여럿을 상호 관련성 속에서 바라보았으며, 희비 가운데 살면서도 거기에 빠져

허우적대지 않고 그것을 넘어서는 삶을 살았다. 삶에 고뇌가 따른다고 해도 그것을 슬퍼하거나 노여워하지 않았다. 슬퍼하거나 노여워한다고 해서 고뇌가 없어지는 것이 아니며, 그것은 도리어 고뇌를 심화하고 더욱 불쾌한 상황으로 만든다는 것을 알았기 때문이다. 그 순간에 필요한 것은 고뇌의 문제, 즉 '고뇌가 어떻게 생겨났으며, 어떻게 하면 줄이고 없앨 수 있는가'를 아는 일이었다. 그들은 인내와 지성과 결단력을 갖고 고뇌의 문제를 힘차게 성실하게 처리해나갔다. 그러므로 붓다와 뜻을 같이한 사람들은 침착하고 성실하며 밝고 씩씩하며 의연하고 부드러우며 의욕에 넘쳤다. 우울하고 음산한 분위기는 찾아볼 수 없었다. 원기 왕성하고, 삶에 기쁨과 환희가 넘치며, 정신적 생활을 향유하며, 모든 감관이 자연스럽고, 고뇌로부터 자유로우며, 평온하고 천진난만하며 밝고 명랑한 마음으로 삶을 영위하는 것, 그것이 붓다가 터득한 건강한 삶의 모습이다.

슬픔과 노여움, 탐욕과 흥분, 증오와 혐오, 죄의식 등은 사물의 진정한 이해와 삶의 진실에 도달하는 데 방해가 된다. 매사에 기뻐하고 즐거워할 줄 알며 모든 살아 있는 존재에 늘 감사하는 마음으로 사는 것, 그것이야말로 삶의 진실에 도달하는 길이고, 깨달음으로 인도하는 길이다. 건강한 기쁨과 즐거움은 '욕망 중의 욕망인 이성의 기능' '기쁨의 정서를 스스로 창조하는 능동적 역량'이 이룩한 결과로, 깨달음의 세계, 열반의 세계로 통하는 훌륭한 조도품助道品(도를 이루는 길에서의 도움)의 역할을 한다. 나아가 조도품의 한계를 잘 알고 거기에 머물지 않는 것 또한 진정한 붓다의 삶의 모습이라고 할 수 있다.

삶의 불완전과 무상과 고, 즉 두카를 그대로 보고 바로 인식하여 삶의 환희로 전환하는 세계, 그것이 붓다의 세계다. 그것은 존재의 모든 집합과 구성 요소, 오온五蘊이 변화하고 작용하고 관계하면서 유화有化와 무화無化의 과정을 끊임없이 계속하는 이치, 즉 공空의 도리를 깨닫는 순간에 의해 펼쳐지는 세계다.

끊임없이 변멸하는 이것과 저것, 여기와 저기, 일면과 부분, 그리고 끊임없이 변멸하는 지속과 전면과 전체에도 얽매이거나 구애받지 않는 자가 바로 붓다였다.


## 붓다는 과연 욕망을 버리라고 했는가

절간도 없고 불상도 없던 시절, '붓다'라고 불리며 존숭받기 전 동시대인들에게 그저 '언제나 미소 짓는 사람'으로 묘사되던 시절, '고타마 싯다르타'란 이름으로 조용히 대화를 나누던 그 사람이, 더불어 사는 동시대인들을 향해 "일체의 욕망을 끊고 죽음을 눈앞에 둔 사람처럼 살라"고 말했을까? 결코 그렇지 않다. 그가 말하는 방식은 이러했다.

그대는 자유롭고 싶은가? 그러면 어떤 것에도 얽매이지 말라.
그대는 진짜를 알고 싶은가? 그러면 어떤 때 어떤 곳의 일면이나 일리에 집착하지 말라.

그대는 삶의 전체를 알고 싶은가? 그러면 일시적·부분적 현상에 매달리지 말라. 그대가 감관으로 보고 듣고 느끼는 모든 것이 원래 부분적이고 한계가 있는 것으로, 결코 절대적일 수 없는 것이다. 그러므로 그것을 고집하지 말라.

그대는 정말 고귀한 어떤 것들을 찾고 갖고 싶은가? 그러면 어떤 것에 집착하지 말라.

그대는 무엇이든지 하고 싶은가? 그러면 어떤 것만 하기를 원하거나 애착하지 말라.

그대는 영원히 살고 싶은가? 그러면 어떤 사람, 어떤 개별자의 한 삶에 집착하지 말라.

그대는 진리를 원하는가? 그러면 어떤 형편, 조건, 입장, 차원, 관점에 머물거나 집착하지 말라. 말과 언설과 형상, 상징에도 얽매이지 말고 전언과 전문, 관습과 전통과 권위, 보도와 평판, 시장과 인기에도 구애받지 말라. 관념과 사상, 제도와 체계, 율법과 이론에도 집착하지 말고, 아무리 훌륭한 이성, 아무리 유용한 도구, 아무리 아름다운 이상향, 아무리 선량한 도덕률, 아무리 지고한 가르침이라 하더라도 거기에 집착하지 말라.

이러한 것이 붓다가 설하는 방식이었다. 그는 또한 "마땅히 머무르는 바 없이 그 마음을 내라"고도 했다. 이렇게 말한 붓다가 어찌 하나의 사실, 하나의 사물만이 두카의 원인이라고 말했겠는가? 시작도 끝도 없고 근원도 알 길이 없는 것이 오온의 실상이라 했는데, 어찌 두카의 원인이 무엇이라고 단정 지어 말했겠는가?

모든 것은 상대적이고 상호 의존적이며 끊임없이 생성·변화·발전한다. 그러므로 하나의 원인이란 있을 수 없다. 서로가 서로의 원인이 되고 연緣이 될 뿐만 아니라 그 장場이 되고 조건이 된다. 그러므로 두카를 일으키는 원인이나 근원은 두카 그 자체에 있지 다른 데 있지 않다. 또 두카가 소멸하는 원인이나 근원도 두카 그 자체에 있지 다른 데 있지 않다. 이를 뒷받침하는 팔리어 경전의 유명한 구절이 있다. "무엇이든지 생성·변화의 원인이 되는 것은 무엇이든지 정지·소멸의 원인이 된다." 무엇이든지 그 자신이 그 생성과 변화의 원인이며, 그 자신이 정지와 소멸의 원인이다. 존재나 사물이든 또는 체계나 조직이든 간에 그 자신 속에 생성과 변화의 성질과 원인이 있다면, 그 속에는 또한 정지와 소멸의 성질과 원인도 있다. 그 역逆도 마찬가지다.

이와 같이 두카 또는 오온은 그 자신 속에 생성과 변화의 본질이 있으며, 그 자신 속에 정지와 소멸의 본질이 있다. 그러므로 일반적으로 생각하듯이, 무명이나 탐착이나 애욕이 두카의 원인이라는 말은 정확한 말이 아니다. 무명이나 탐욕이나 애욕도 두카와 오온의 하나의 현상이다. 무명이나 탐욕이나 애욕이 먼저 있고, 그것이 원인이 되어 생이 있거나 멸이 있는 것이 아니다.

모든 것은 모든 것의 원인이다. 욕망도 느낌과 정신적 활동 등 여러 가지 요소와 얽히고설켜서 일어나고 사라지는 끊임없는 순환 과정 속에 존재할 뿐이다. 본각에서 불각이 있고 무명이 있는 것이라거나 열두 가지의 인연 소치를 들어 삶을 설명하는 이른바 십이연기법도 모두 편의상의 표현에 불과할 뿐이다. 어떤 사물이나 어떤 현상을 원인으로 삼고, 그것을 집중적으로 문제 삼는 사고방식은 붓다의 뜻이 아니다.

그는 결코 "욕망을 무조건 없애라" "애착을 무조건 끊으라"고 하지 않았다. 자기 스스로 보고 듣고 느끼고 깨닫는 과정 속에서 자유롭고 온전하고 싶은 만큼 절제하고 조절하며 부지런하라고 했을 뿐이다. 방일이든 정진이든 각자의 책임이요 각자의 결과다. 그러나 동시에 그것은 상호 의존적 관계 속에서 상대적으로 살아가는 다른 존재에 작용하며 또한 반작용을 가능케 한다. 생명은 원래 자유 독립적이면서도 상관적이고 상호 연기적이기 때문이다. 그러므로 더욱 자유롭고 더욱 온전하기를 원한다면 더 열심히 노력해야 한다. 인간의 경제적·사회적 성취 분야에서도 그러하거늘, 하물며 삶의 진실을 찾으며 진리의 세계를 향한 구도의 길에 있어서랴.

어중간한 인식에 머물지 않고 어설픈 결론으로 얼버무리기를 원하지 않는다면, 분명히 모든 것을 초월할 정도의 단호한 결심, 마음속 깊은 결단으로 일체를 버릴 각오가 되어 있어야 할 것이다. 그렇게 철저하고도 완전한 진리 탐구의 자세 앞에는 부귀영화가 한낱 물거품에 지나지 않을 것이며, 절제와 극기를 말하지 않아도 제 스스로 이미 자기 훈련과 조절 과정을 지혜롭게 밟아가고 있는 중일 것이다. 그러한 사람에게 명예와 지위가 무슨 가치가 있을 것이며, 청사에 길이 빛날 일인들 관심이 있을 수 있겠는가? 진리를 위해서 이미 모든 걸 버릴 각오가 되어 있는 사람이 어떻게 모든 살아 있는 생명에게 감사하고 봉사하지 않을 수 있겠는가? 이미 자기를 그리고 자기와 관련된 모든 것을 던질 각오가 되어 있고 모든 것을 다 버린 마음에게는 '모든 것이 다 길'이 되어 있을 것이다. 말하는 사람과 듣는 사람, 때와 장소, 그리고 상황과 맥락을 살펴보고 생각하며 말을 새겨라.

어린 아기를 보고 이유식을 설하랴? 맑은 하늘 아래 푸른 들판을 가로지르며 달려가는 저 천둥벌거숭이 싱싱한 아이들을 붙잡고 무명과 애욕을 이야기하랴? 세기의 경기를 앞둔 투지 넘치는 젊은이에게 집착을 버리라고 누가 말하겠는가? 과도한 경쟁 속에서 지치고 고단한 자들이 아름다운 음악의 선율에 꿈을 싣고 아름다운 그림 앞에 심미의 즐거움에 침잠하는 순간을 향해, 누가 감각의 허위를 설하겠는가? 열사熱沙의 사막 위에서 허덕이는 나그네에게 성전을 가득 실은 수레가 무엇을 줄 것인가? 임종을 눈앞에 둔 노인에게 일어나 이 짐을 지라고 누가 말하겠는가?

사려분별이 있을 곳에 사려분별이 있게 하라. 언어가 있을 곳에 언어가 있게 하고, 문자가 있을 곳에 문자가 있게 하라. 욕망이 있을 곳에 욕망이 있게 하고, 극기가 있을 곳에 극기가 있게 하라. 편히 쉴 곳에서는 편히 쉬게 하고, 일할 곳에서는 일하게 하라.


**가치 지향에 머물지 않는 불교**


보다 자유롭기를 원하고 보다 온전한 삶을 살기를 원하거든 잡다한 욕망과 집착을 줄이고 보다 크고 높은 가치를 향해 나아가라. 나아가 아무리 높은 가치라도 어떠한 가치를 지향하는 과정을 넘어서라. 불교의 깨달음은 가치 지향이 아니다. 모든 가치 지향과 경험은 거기에 머물기 위해서가 아니라 떠나고 버리기 위해서다. 그러나 지향과 경험, 떠남과 버림은 그때그때의 연기적 연관과 작용 속의 자각과 정진에 달렸다. 궁극적으로는 일체의 가치 지향의 부정이라는 일대 전환을 통해 모든 사물과 가치와 현존하는 존재자의 익명적 근거 자체인 '존재'를 살림이다. 그러나 존재를 살림은 존재의 바탕인 '공空'을 살림이다. 공을 살림은 곧 익명적인 모름으로, 무無로 돌아가는 것과 같고, 그것은 결국 '생생한 가운데서도 무심하게 사는 삶'이다. 진정한 자유, 진정한 삶을 원하거든, 욕망과 집착에서 완전히 벗어나 자신마저 잊고, 대상과 전체마저 잊고 잊음으로써 이룰 일까지 잊어라! 이것이 붓다가 안내하고 일러주는 방식이다.

그러므로 불행과 고통(고), 그 불행과 고통의 원인(집)도 두카 속에 있고, 진정한 자유와 행복(멸), 그리고 그러한 자유와 행복으로 가는 길(도) 또한 두카 속에 있다. 멸도의 구원은 있는 그대로의 고와 집의 현실을 떠나 다른 차원의 세계에서 찾거나 초월적 절대자에게 구하는 것이 아니다.

# 죽은 자와 동일한 존재는 없다

●

○

죽은 뒤에 죽은 자와 동일한 존재는 없다. 다만 관련이 있는 현상의 변화는 있다. 어떠한 존재나 사물의 개별적·구체적 현상을 관찰해보면, 결코 영원불변하다고 말할 수 있는 것은 아무것도 없다. 본질 같은 것도 따로 없다. 다만 현상의 부분적·피상적·정태적 관찰이냐, 현상의 전체적·심층적·동태적 관찰이냐의 차이일 뿐이다. 이 두 가지 관찰도 서로 전혀 관련이 없는, 절대적으로 다른 별개가 아니다.

어떤 존재나 사물의 개별적·구체적 현재의 모습을 넘어서, 다른 모습이나 다른 방식으로 변화하는 움직임과 흐름 자체를 바라볼 때, 끊임없는 움직임 그 자체는 있다. 그러나 어떤 일정한 형태를 띠고 그대로 머물러 있는 과정은 없다. 그러므로 존재를 구성하는 요소나 존재 자체의 끊임없는 변화·움직임, 그 흐름·과정은 언제나 움직이고 있다. 다만 그 변화하는 방식과 모습이 하도 복잡다단하고 오묘하기 때문에, 쉽게 알아맞힐 수가 없고 간단히 표현할 수 없을 뿐이다. 변화하는 방식과 모양에 따라 각각의 존재와 사물이 생성·변화·발전·소멸하는 것으로 보인다. 그 존재나 사물 하나하나의 입장에서 볼 때는 분명히 시작과 끝이 있다. 그런데 사람에게는 시작은 있되 끝이 없기를 바라는 심리가 있다. 그것이 바로 개체 하나하나를 영원한 실체로서 바라보고 영원불변하기를 기원하는 마음이다. 그러나 어찌하랴. 개체 하나하나, 개별적 현상 하나하나에는 일견 시작도 있고 끝이 있는 것임에랴.

사람의 몸도 마찬가지로 개별적 현상의 하나다. 피상적으로 육체적·심리적 조건과 요소의 결합체를 사람이라고 한다면, 태어남과 죽음에 이르기까지 사람 몸에는 처음과 끝이 있다. 그런 관점에서는 탄생 이전이나 죽음 이후에는 그러한 조건과 요소를 갖출 수 없다. 그러나 탄생 이전에 그와 관련한 다른 어떤 현상은 없을까? 탄생 이전의 현상은 분명히 있었다. 어머니의 뱃속에서의 수정과 성장이 있었고, 그전에 부모의 열애가 분명 있었다. 염색체도 있었고, 유전자도 있었다. 태내에 있을 때 직접이건 간접이건 부모의 정신적·물질적 움직임도 있었으며, 환경과 세계의 조건과 상황으로부터 오는 미묘한 자극과 반응도 있었다. 여기에는 다른 존재, 다른 생명의 움직임에서 오는 영향력이나 에너지의 움직임을 분명히 포함하고 있다.

우리 몸은 정확히 그 수를 알 수 없는 수많은 미생물의 공존 공간이다. 우리는 그들과의 공동체다. 아니, 우리 몸은 잠시 사용하는 얼개나 거푸집 같은 껍질이고, 실은 유전자와 미생물들의 것이라고 하는 게 더 맞을 것이다. 육안으로 보이는 방식이건 불가시적 방식이건, 그리고 관계나 관련의 모양새가 어떠하건, 끊임없이 주고받으며 살아 움직이는 변화 속에 있음은 부정할 수 없다. 겉보기에 하나하나 따로 떨어져 있는 이 개체와 개체 사이에도, 눈에 보이지는 않지만 모종의 연결고리가 존재해, 우리 몸 그리고 의식·무의식과 영향을 주고받으며 쉴 새 없이 움직이고 있다.

지금 생각하고 보고 있는 이 순간에도 극미적 현상과 극대적 현상은 우리의 육체·정신과 함께 연관을 갖고 움직이고 있다. 관찰과 표현 각도를 달리해보면, 우리 자신이 바로 극미적 현상이며 극대적 현상의 움직임이다. 이러한 우주와 세계 속에서는 물질과 비물질, 존재와 비존재의 구별이 모호해진다. 주관과 객관의 구분도 모호해진다. 절대적 객관의 입장이 불가능해지며, 나와 대상의 사이에 미묘한 반응이 오간다. 평범한 일상생활 속에 순간순간 이 오묘한 변화는 떠나지 않고 언제나 우리와 함께하고 있는 것이다.

이러한 세계 속에서 하나의 현상인 인간의 탄생과 죽음도 깊은 관련을 맺고 있다. 다만 그 복잡 미묘한 방식과 양상을 다 파악할 수 없고 나타낼 수 없을 뿐이다. 분명히 탄생 이전에도 탄생 이후와 같이 존재계의 모든 현상과 관련이 있었으며, 그 관련 양상은 사람이 함부로 알 수 없고 말할 수 없는 복잡 미묘한 성질을 띠고 있다.

탄생 이전이 그러함과 마찬가지로 죽음 이후에도 그러하다. 사람의 죽음 뒤에도 어떤 성질·방식·형태와 관련된 것은 끊임없이 계속된다. 이 세상의 누가 나고 죽든지 존재계의 끊임없는 생성·변화·소멸·유화·무화는

죽은 자와 동일한 존재는 없다

계속되는 것이다. 죽음 뒤에는 다른 방식과 다른 양상의 다른 존재나 사물로 변화할 뿐이다.

현존의 세계에서 연속하는 두 순간에도 동일성을 유지하는 것은 없다. 이때의 이것은 결코 그때의 이것과 동일한 것일 수 없는 것과 마찬가지로, 결코 이때의 사람 A도 엄밀한 의미에서 그때의 사람 A와 같을 수는 없다. 연기적 관계나 구성을 이루는 요소 가운데 어떤 물질적·정신적 요소라도 찰나의 순간 뒤에 변화하지 않는 것은 없다. 어떤 사람의 동일성을 가진 영혼이나 정신의 자아란 없다. 있다고 해도 그것은 그 사람의 것이 아니라 변화하는 현상의 어떤 상태·조건일 뿐이다. 극미와 극대의 세계에서 무슨 일이 어떤 방식, 어떤 양상으로 일어났는지 누구도 세세히 알 수 없고 묘사할 수 없기 때문에, 그것이 죽은 뒤의 모습이라거나 죽은 자와 관련이 있는 현상이라고 단정해서도 안 된다. 프리드리히 니체Friedrich Nietzsche는 《권력에의 의지Der Wille zur Macht》에서 "우리의 세계는 어떤 존재도 안정된 동일성을 누릴 수 없는 계속적인 와류渦流와 변화의 세계다. 이러한 세계에서는 어떤 것도 동일성을 유지할 수 없으며, 단지 동력학적 양자들quanta과 긴장 관계에 놓여 있는 다른 동력학적 양자들만이 존재한다"라고 말했다. 현대에 이르러 이 양자들마저 동일성을 유지하며 존재하는 것은 아니라고 밝혀졌다.

영원불변하는 것은 아무것도 없기 때문에 동일성을 유지하며 한순간에서 다음 순간으로 이어지는 것은 분명 아무것도 없다. 다만 있다면 순간마다 변화하는 흐름이나 움직임이 있을 뿐이다. 그 흐름도 앞뒤 순간이

다른 변화일 뿐이다. 같은 것으로 보이는 것도 유사성의 집합이란 관념에서 비롯되는 것일 뿐, 실제로 동일하지 않다. 우리가 인식하는 흐름이나 연속이란 것도 실제로는 겉보기의 움직임에 지나지 않는다.

어린아이가 자라서 노인이 된다. 그 노인은 이름과 외형적 몇 가지 특징과 타자他者와의 관계 속에서 그 어린아이와 동일인으로 여겨진다. 그러나 엄밀히 들여다보고 관찰해보면, 비슷한 점보다 다른 점이 더 많다. 탄생 이후 죽음까지의 사이에 벌어지는 현상도 이러한데, 하물며 탄생 이전이나 죽음 이후의 변화를 두고 어떻게 함부로 그 사람의 것, 그 사람과 동일한 자아, 동일한 영혼이라고 단정할 수 있겠는가?

설령 여기서 죽은 사람과 다른 어떤 곳에서 태어난 생명이 어떤 방식으로 어떤 관련이 있다고 하더라도, 그것은 이미 죽은 그 사람의 존재가 아니다. 그런데도 이러한 생각에 매달려 마치 동일한 자아가 존재하리라고 믿고 사는 것은 뿌리 깊은 고정관념의 결과다. 있다고 해도 이미 남이다. 남을 자기처럼 여긴다면 몰라도, 스스로 기대하는 자아는 결코 아니다.

그러므로 동일한 자아의 영원불변한 지속에 대한 기대나 집착을 버려야 한다. 그러한 환상에 의지해 영생을 구하기보다는 차라리 사랑스러운 다른 새 생명들을 어린 시절 자기처럼 여기고 사는 것이 오히려 가슴 뿌듯한 일일 것이다. 죽은 뒤의 현상은 어차피 지금의 나와는 별개의 것이다. 그러나 모든 것이 모든 것과 관계가 있다는 의미에서는 타자도 자기요 자기도 타자다. 그러므로 삶의 진실과 존재의 실상을 바로 보는 자에게 자기와 타자의 절대적인 구별은 없다. 삶의 이치가 그러하다는 사실만이 중요하다. 지나친 가정이나 번쇄한 이론은 착각과 오해와 시비와 혼란만 가중할 뿐이다. 다 같이 진실로 돌아가 있는 그대로 오늘의 삶에 성실히 사는 것만이 살아 있는 자의 할 일이다.

# 무아는 어떻게 가능한가

경전에는 당시의 수행자들이 자아의 존재 여부에 고민하다가 붓다를 만나서 여러 가지 질문을 하는 장면이 많이 나온다. 어떤 사람들은 자아가 없다면, 마음이나 의식이 바로 그러한 자아가 아니냐고 묻는다. 의식의 근저에 있다는 아라야식을 자아와 같은 것이라고 생각하는 사람도 있다. 그러나 그것은 결코 지속적 자아는 아니다. 마음이나 의식은 결코 고정 불변의 실체가 아니다. 그것은 무상하고 변한다. 오온의 변화 현상 중에 육체적·물질적 현상보다도 더 변하기 쉬운 것이 마음이고 의식이다. 그러나 사람들은 '나'라는 뿌리 깊은 관념 또는 느낌을 갖고 있다.

붓다의 결론부터 말하면, '자아를 갖고 있다'는 생각은 '자아를 갖고 있지 않다'는 생각과 마찬가지로, 자아라는 있지도 않은 관념을 둘러싸고 맴도는 것으로, 어느 쪽이건 아직 속박을 벗어나지 못한 것이다. 무아에 관한 올바른 생각은 어떤 견해를 가지는 것이 아니라 일체의 선입견이나 편견에서 벗어나 있는 그대로 사물을 보는 것이다. 또 그것은 '나' 또는 '존재'라고 부르는 것이 순간순간 끊임없이 변화하는 과정의 흐름을 타고 (아니 흐름 자체이기도 하면서) 함께 움직이면서 상호 의존하는 물질적·정신적 구성 요소의 결합일 뿐이라는 사실을 아는 일이다. 그리고 항구적이고 지속적이며 영원불변하는 것은 존재 전체를 통틀어 아무것도 없다는 사실을 아는 일이다.

그렇다면 '자아가 없다면, 누가 업의 결과를 받는다는 말인가?'라고 물을 수 있다. 하지만 생사라거나 업이란 것도 물질적·정신적 제반 요소의 결합이고 변화일 뿐이다. 그러한 질문에 붓다는 연기緣起의 법칙, 즉 조건성 또는 조건적 사실을 보라고 가르쳤다. 무아의 이치를 깨달은 자에게 생사나 업을 받을 자가 누구냐는 질문이 가당하겠는가? 이미 무아면 생사도 업도 없지 않은가?

무아에 대한 가르침은 결코 부정적인 것으로 또는 허무적인 것으로 간주되어서는 안 된다. 진정한 자유와 행복인 열반처럼, 무아는 진리이고 진실이다. 실제의 진실이 부정적인 것일 리 없다. 부정될 것은 존재하지 않은 상상적·관념적 자아에 관한 거짓 신념이나 허위의식일 뿐이다.

무아에 대한 가르침은 거짓 신념과 허위의식의 어둠을 몰아내고 지혜의 광명을 비춘다. 동굴 벽면에 어른거리는 모습만 보고 사물을 규정하다가, 광활한 대지에 나와 태양 아래의 천지를 있는 그대로 바라보는 순간이라고 할까? 무아의 가르침은 부정이 아니다. '나는 …' '내가 …'라는 관념과 느낌을 갖고 있기에 무아라는 가르침이 있었을 뿐이다. 모든 살아 있는 자가 무아의 진실을 깨닫는 순간, 무아의 가르침과 무아란 말 또한 즉시 사라질 것이다. 여기에 경전과 해설서 등에 나오는 관련된 글들을 아래에 소개한다.

> 모든 조건 지어진 것은 무상하다.
> 모든 조건 지어진 것은 괴로움이 따른다.
> 모든 법(또는 진리)은 무아다.

이상은 《담마파다Dhammapada(법구경法句經)》의 277, 278, 279번째 경구다. 첫 두 구절을 제행무상, 셋째 구절을 제법무아라고 한다(두 번째 구절을 따로 일체개고로 표현하기도 한다).

한 사람이 붓다에게 자아 속에서 영원한 어떤 것이 발견되지 않으면 사람들이 괴로워하지 않겠냐고 물었을 때, 붓다는 이렇게 대답했다.

"그렇다. 어떤 사람이 '우주는 아트만ātman 바로 그것이다. 나는 죽은 뒤에 영원불멸하며, 상주불변할 것이다'라고 생각하고 있었다. 그러다가 갈망의 불을 끄고 집착을 떠나 열반에 이르기 위해서는 그러한 사변적 견해를 완전히 없애지 않으면 안 된다는 말을 들었다. 그러자 그 사람은 '나는 결국 허무로 돌아가 없어지고, 나는 더 이상 아무것도 아닐 것이다'라고 생각하며 비탄에 잠기고 괴로워하며 가슴을 치며 방황하기에 이르렀다. 이와 같이 자아 가운데 영원한 어떤 것이 없다고 할 때 사람들은 괴로워하고 애통해한다."

그리고 붓다는 자기의 무아의 가르침이 줄 충격을 짐작하면서 이렇게 말했다.

"내가 이제 존재하지 않을지도 모르며, 내가 아무것도 갖고 있지 않다는 생각은 무지에 휩싸인 사람들에게 두려운 것이다."

또한 당시 브라만교도들의 범아일여설梵我一如說, 즉 브라만과 아트만의 일체설이나 인도 사람들의 자아영혼설이 종교적 비의나 환상에 근거한다는 사실을 일깨우면서, 다음과 같이 말했다.

"착하고 어진 사람들이여, 슬픔·비탄·고뇌·좌절·시련·재난을 일으키지 않은 영혼설이 있다면 받아들여라. 그러나 어진 사람들이여, 그러한 영혼을 볼 수 있느냐? (보지 못했다는 대답에 이어) 그렇다. 나 역시, 그러한 슬픔·비탄·고뇌·좌절·시련·재난을 일으키지 않는 영혼이란 것을 보지 못했다. 자아나 영혼 또는 자아에 관한 어떠한 것을 진실로 발견할 수 없다고 할 때, '우주는 아트만이다. 나는 죽은 후에 영원불멸하며 상주불변할 것이다. 나는 영원히 그대로 존재할 것이다'라고 생각하는 견해는 완전히 어리석은 견해가 아니겠는가?"

여기서 붓다는 분명히 아트만, 영혼, 자아는 실제로 어느 곳에서도 발견할 수 없으며, 그러한 것이 존재한다고 믿는 것은 어리석은 환상이라고 밝히고 있다.

# 열반과 해탈은
# 살아 있을 때 도달할 수 있는가

"어리석은 사람은 진흙 속의 코끼리처럼 말 속에 묻혀버린다." 경전 속의 말씀이다. 언어는 인간이 느끼고 경험하고 생각한 것들을 표현할 뿐이다. 그것도 한 명의 인간만이 사용하는 것이 아니라, 인간집단이나 일반사회에 사는 인간들이 같이 생각하고 경험하는 것을 표현하는 것만이 언어가된다. 그런데 사람의 경험과 느낌과 생각은 언제나 주객이 있고, 범주와차원과 입장과 조건 등의 한정이 있으며, 변화무상하다. 언어의 사용도그러하다. 이러한 언어의 성격을 이해하고 명심하면서 남의 말을 들어야쓸데없는 시비를 하지 않게 된다.

해탈이나 열반에 대해 설명하는 글이 많이 있다. 그러나 그러한 것들은문제를 명확하게 하기보다는 더 한층 복잡하게 만드는 경향이 있다. 열반이나 해탈을 어떤 용어로 표현했을 경우, 많은 사람은 즉각적으로 자기가알고 있거나 상상하는 관념과 연관하여 파악하려고 한다. 그렇게 될 때,

결과는 전혀 다른 방향으로 나오게 된다. 그러므로 해탈이나 열반은 긍정형의 용어로 표현하기보다 부정형의 용어로 표현하는 편이 훨씬 덜 위험하다. 예컨대, 열반을 상락아정 常樂我淨(영원한 청정낙토의 세계)이라는 매우 적극적이고 긍정적인 용어로 표현하는 경우가 있는데, 그것은 정확한 이해가 아니다. 그렇게 이해하면 제행무상, 제법무아와 모순된다. 그리하여 경전에는 다음과 같이 부정형의 표현들이 많이 나온다.

"그것은 타는 갈망이 완전히 그치는 것, 갈망을 극복하고 버리는 것, 갈망에서 해방되는 것, 갈망으로부터 떠나는 것이다."

"모든 조건 지어진 존재(또는 사물)의 평온과 고요, 모든 오염의 청산, 갈망의 소멸, 집착을 떠남, 그리고 그침."

"절대(조건 지어지지 않은 상태)란 무엇인가? 그것은 탐욕을 여의는 것, 증오를 여의는 것, 어리석은 관념이나 환상을 여의는 것이다."

"존재(또는 사물)의 조건 지어져 있는 상태 또는 조건 지어져 있지 않은 상태, 그 무엇이든 그 가운데서 가장 고귀한 것은 '집착을 떠나는 것'이다. 그것은 '자만과 자기기만으로부터 자유로워지는 것'이며, 갈망의 분쇄와 소멸이며, 집착의 근절이며, 계속되는 악순환의 단절이며, 욕망의 갈증을 가라앉히고 탐욕을 여의는 것이다."

"집착의 다섯 가지 구성 요소, 즉 오온에 관한 욕망과 갈구를 극복하고 분쇄하는 것, 그것이 두카의 소멸이다."

"여기에는 고체성 solidity, 액체성(또는 유동성 fluidity), 열 heat, 역동성(또는 움직임 motion) 등 소위 4대 요소도 없다. 길이와 넓이, 섬세함 the subtle과 투박함 the gross, 선과 악, 이름과 형태가 모두 소멸했다. 이 세상 저 세상도 없으며, 오고 감도, 머무름도 없으며, 생과 사도 없으며, 대상도 찾아볼 수 없다."

이상과 같이 주로 부정형의 표현으로 설명하기 때문에, 많은 사람이 열반을 부정적인 상태로 받아들이는 경향이 있다. 그리고 욕망의 현실과 너무나 거리가 멀고, 개체적 자아 탄생의 연원인 애욕조차 부정하는 표현을 사용하고 있기 때문에 허무 지향의 인상을 남긴다.

확실히 어떤 개체의 이기적 욕망을 끝까지 붙들고는 진정한 자유와 행복을 누릴 수 없다. 자기 하고 싶은 대로 다 하고 자기 갖고 싶은 대로 다 가지면서 완전한 행복과 자유를 누리겠다고 한다면, 그 사람은 미친 사람임에 틀림없다. 이러한 사실에서 도출되는 확실한 논리적 귀결이 있다. '하고 싶고 하는 만큼 못 하는 것이 있다는 사실과 갖고 싶고 가진 만큼 못 가지는 것이 있다는 사실이다.' 이건 아무리 자기가 현명하고 유능하며 부지런하게 추구해도 어찌할 수 없는 엄연한 사실이다. 욕망은 끝 간데 없이 자꾸 생기고, 욕망의 새로운 대상도 끝없이 생기기 때문이다.

남은 길은 두 가지다. 하나는 어중간한 충족과 어중간한 불만족의 상태로 살아가는 길이다(이 길에는 항상 어느 정도의 불만, 불안, 불행, 불화, 불운 등이 따른다). 또 하나는 자기가 욕망의 주인이 되어 욕망의 고삐를 단단히 붙잡고 제어하고 조절하면서 살아가는 길이다. 이 길은 욕망이 주목적이 아니고 주체도 아니다. 욕망을 넘어선 어떤 것이 주목적이고, 인간 자신이 주체다. 이 길에 들어서면 처음엔 불만, 불안, 고통 등이 따르나, 조만간 그런 것들이 점차 줄어들고 사라지는 경험을 하게 된다. 그리고 점차 충만감, 안정감, 평화, 행운이 증가한다.

전자의 길이 갈망, 탐욕, 애욕의 길이고, 후자의 길이 해탈과 열반, 안분지족과 안심입명, 자비와 사랑의 길이다. 이 후자의 길을 철저히 가는 것, 그것이 바로 진정한 자유와 행복에 이르는 것이다. 이러한 기준에서 바라보고 충고하는 관점이 앞에서 인용한 것들이다. 온전한 자유와 행복을 위한 깨달음을 추구하고자 구구한 신변잡사는 물론이고 세상의 온갖 영화까지 내던지고 나와서 생사를 건 각오로 열심히 그 길을 가는 사람들, 기풍당당하고 맑고 아름다운 정신을 가진 사람들을 향해 간곡히 일러준 충고의 말씀들인 것이다.

해탈이나 열반은 결코 이 세상을 떠나 있지 않다. 현상을 초월한 이데아와 피안의 세계에 있지도 않다. 그렇다고 이 세상의 어떠한 것의 긍정에 머물러 있는 상태도 아니다. 달리 말하면, 무에 있지도 않고 유에 있지도 않다. 유무의 고비에 끌려 다니는 것이 아니라, 유무의 고삐를 잡기도 하고 놓기도 하는 것, 주인된 마음으로 조절하고 제어하는 것이다. 유무도 주인도 고삐도 잊은 상태, 그러면서도 유무도 주인도 고삐도 다 그대로인 상태라고나 할까?

욕심은 꽉 차고 기고만장한 오기가 독사처럼 도사리고 앉았는데, 어떻게 다 알겠다고 다 깨닫겠다고 서두르는가? 남보다 잘나고 싶어 하는 마음에는 결코 깨달음은 오지 않는다. 지적 호기심으로도 깨달음은 오지 않는다. 진리와 정의와 진실을 소유하려는 마음에도 깨달음은 오지 않는다. 그렇다고 적당히 호도하는 자세에도 깨달음은 오지 않는다. 남의 눈에 눈물을 흘리게 하고 남의 마음에 상처를 주는 자에게는 더더구나 깨달음은 오지 않는다.

그러나 누구든지 푸른 하늘을 바라보며 생의 무상함 가운데서 한 가닥 겸허하고 정성 어린 마음이 될 때, 그는 이미 자유와 행복을 향한 깨달음의 길에 들어서고 있는 것이다. 몸은 저잣거리를 헤매도 천지를 향해 뻗어 있는 자비로운 마음이 있다면 깨달음은 문득 찾아온다. 그의 마음에는 이미 너와 나가 없고 그들이나 우리라는 관념도 없기 때문이다. 표시가 나지 않으니 눈에 뜨일 리도 없다. 이미 나와 너, 그 누구란 관념을 떠나 있으니 개체의 죽음이 죽음일 수도 없다. 죽음 뒤에 열반이 올 것이라는 관념은 더더구나 있을 리 없다. 소아小我란 생각도 대아大我란 생각도 잊어버린 지 오래, 아니 이미 떠나 있으니 대소의 운명에 걸릴 것이 없다. 누구나 노력하면 누릴 수 있는 자유의 세계다. 그러나 누구든지 외면하고 무시하며 거부할 수도 있는 자유의 세계다. 어떤 사람은 생각할 것이고, 어떤 사람은 믿을 것이고, 어떤 사람은 느낄 것이고, 어떤 사람은 확실히 체험할 것이다. 갈 수 있는 길은 있다. 할 수 있는 길은 있다. 다만 자발과 자진에 달려 있을 뿐이다.


"열반은 사물을 있는 그대로 보는 것이다."_《능가경 楞伽經》

"열반은 환상이나 무지(또는 무명)를 제거하고, 있는 그대로 사물을 보는 것이

열반과 해탈은 살아 있을 때 도달할 수 있는가

다.”_월폴라 라훌라,《붓다의 가르침》

"윤회는 열반과 다르지 않고, 열반은 윤회와 다르지 않다.”_나가르주나Nagarjuna(용수 龍樹),《중론 中論》

"주관적으로나 객관적으로나 바라보는 입장에 따라서 윤회와 열반은 같은 것이다.”_월폴라 라훌라,《붓다의 가르침》


열반이 탐욕을 끊은 당연한 결과라고 생각하는 것은 잘못이다. 열반은 어떤 것의 결과가 아니다. 그것이 결과라면 어떤 원인에 의해 생기는 어떤 것일 텐데, 그렇다면 그것은 만들어지고 조건 지어진 것, 즉 유위有爲가 된다. 열반은 원인(요건)도 결과(효과)도 아니다. 그런 것들을 넘어서 있다. 열반은 선정이나 삼매와 같은 어떤 신비스러운 영적인 상태나 정신적 상태가 되는 것도 아니다. 그것은 그저 삶의 이치를 깨닫는 것이다. 열반의 깨달음으로 이끄는 길은 있다. 그러나 열반은 이러한 길의 결과는 아니다. 길을 따라서 산에 이를 수 있다. 그러나 산이 그 길의 결과나 어떤 효과인 것은 아니다(이재창 외,《현대사회와 불교》, 한길사, 1981, 53쪽 참조).

# 개체·현상과 전체·본질은 따로 존재하는가

●
○

## 개체와 전체

'부분도 깊이깊이 천착하면 전체에 이른다.' '전체도 겉돌고 피상에 머물면 부분과 같다.' '개체라고 하면 관계(전체)를 의미함과 연결되고, 관계(전체)라고 하면 개체를 의미함과 연결된다.' '자유는 상호 의존 관계를 떠나지 않고, 상호 의존 관계는 자유를 경시하지 않는다.' 이러한 사념들을 되뇌면서 "개체란 무엇인가? 개별자, 개별적 존재란 무엇이며, 과연 개별성은 존재하는 것인가"라는 질문을 해본다. 개체의 강조는 개체의 독자성, 자유와 존엄, 그리고 고정 불변성, 영원성으로 나아갔다. 집단이나 전체를 강조하는 입장은 개체란 우주나 자연 또는 사회라는 전체의 부분일 뿐이라는 사고로 나아갔다.

개체 강조나 집단 강조의 두 입장 모두 인간을 우월시하는 사고인 점에서는 같다. 자연에 대한 태도도 같은 차원이다. 단지 사회 속에서의 개별적 존재자에게 인정하는 자유 독립성에서 그 성격과 정도의 차이가 있을 뿐이다. 한쪽은 개체의 자유 독립성이 기본이고 그 제약이 부수적·지말枝末적인 것인데 반해, 다른 한쪽은 사회의 체제나 제도가 기본이고 개체의 자유 독립성은 부차적이거나 조건적이다. 전자의 대표적 예가 소위 근대 이후의 선진 자유사회요, 후자의 대표적 예가 동양의 전제사회나 전체주의적 사회다. 그러면 붓다는 개체와 사회를 어떻게 보는가?

불교는 '자각에 의한 자유의 실현'을 핵심 사상으로 하는 보편 종교이므로, 인간 개인의 자발적이고 자유로운 생각과 행위를 최대한으로 존중한다는 원칙을 기조로 한다. 그런데 인간의 목적이나 관점, 인간의 편의나 이해 기준으로 보면, 이러한 기조는 인간 중시, 인간 우월이라는 오해를 살 수 있다. 그러나 세상 모든 존재나 사물을 아우르는 불교적 관점에서 보면, 결코 인간 우월을 말하는 것이 아니다. 나아가 사회나 세계의 위계질서도 절대적·본질적인 것이 아니다. 결코 영리하고 현명한 생물만이 살아갈 가치가 있다거나 더 살아야 할 이유가 있다고 할 수 없다. 더 유능하고 더 힘센 자가 높은 자리에 가고 남을 지휘할 수 있는 것도 아니다. 자연도 무조건 이용하고 지배해도 되는 것도 아니다. 그 모든 것이, 주류를 이루고 지배적 사고를 형성하고 있는 인간 또는 인간 집단에 의한 목적과 편의와 이해를 기준으로 할 때 나오는 논리의 귀결일 뿐이다.

인간의 자유와 존엄성이란 것도 지구상의 지배적인 주류 생물 집단, 즉 인간들에 의해서 구성되고 주도되는 사회 현상의 귀결일 뿐, 붓다는 개인을 위해 또 세상을 위해서 어떠해야 한다고 규정하고 주장한 적은 없다. 자유와 존엄성의 질이나 범위도 결국은 인간 또는 인간 집단의 자기규정적·자기구성적 사고와 행위 그리고 그 역사적 축적의 결과일 뿐이다. 인간 또는 인간 집단이 희망하는 방향과 그 노력 여하에 따라 그 가치는 변화할 것이다.

붓다는 결코 인간은 사회 속에서 이러이러해야 한다거나 이렇게 살기 마련이라고 단정하지 않았다. 그러나 당대의 사회가 당위에 대해 그에게 묻는다면, 그들의 희망과 그들이 처한 상황과 여건에 따라 상대 세계의 조치로서 가능한 방도에 대해 몇 가지 조언은 해줄 수 있을 것이다. 그리고 생물이건 인간이건 분별해 상하와 귀천과 자타의 차별 세계를 형성하지 말도록 권하고, 더구나 그 차별 세계의 고정화나 영속화를 도모할 생각은 아예 하지 않는 것이 좋다고 이야기할 것이다. 스스로 규정하고 구성하면서 필요에 따라 이루고 유지·관리·발전해나갈 것이나, 무엇이든지 절대화·고정화하지 말라고 할 것이다.

개체는 고정 불변의 절대적 개체가 아니다. 자유 독립체이면서 상호 의존적 관계 속의 존재다. 일견 개별적·부분적 하나이면서 천착해 들어가면 갈수록 증층적이고 다양성이 있으며 복잡다기한 관계 속에 있음을 알게 된다. 또한 개체는 겉으로 고정되어 있는 동일성을 유지하는 것 같으면서도 타면에서는 시시각각 순간순간 끊임없이 움직이고 달라지며 변화하는 존재다. 하나이면서 실은 여러 가지 요소로 구성되고 있고, 통일된 유기체 같으면서도 그 움직이고 변화하는 역동적 과정, 즉 다이나미

개체·현상과 전체·본질은 따로 존재하는가

즘dynamism 속에서는 상생과 상극, 모순과 분열과 대립을 전개하고 있는 과정의 존재다.

가시적 또는 불가시적 인과 연쇄의 무한 속에서 개체의 근원은 개체 자신을 넘어서는 데 연결되어 있고, 모든 것이 모든 것과의 관계 속에 서로 인因이 되고 연緣이 되면서 유화와 무화의 변화를 계속하는 성질이 있다. 개체라는 것도 따로 떨어져 존재하는 것이 아니다. 사람의 관점에서 일정 범위나 한도에서 개체라고 인식하고 규정하고 있을 뿐이다. 보통 가시적 형태를 기준으로 그렇게 이름 지을 뿐이다.

그러므로 개체의 자각이나 자유라고 말할 때, 이미 그 속엔 개체를 넘어선 것과의 관계를 포함하고 있으며, 개체의 피상적 상태나 부분적·일시적 조건을 넘어선 관점과 결부되지 않을 수 없다. 거꾸로, 관계를 말하고 전체와 내용과 지속을 생각할 때도 이미 개체의 관점과 연결되어 있는 것이다. 개체의 자유 독립성이 근본이냐, 상호 의존의 관계가 우선이냐는 질문은 성립될 수 없다. 개체라고 하면 이미 관계(전체)이고, 관계라고 하면 이미 개체다. 개체를 들여다보면 볼수록 관계가 그 속에 있고, 관계를 들여다볼수록 거기에 개체는 살아 움직인다. 그러면서 개체도 변하고 전체도 변한다. 불교는 개체주의도 아니고 전체주의도 아닌 것이다.

인간의 고정관념, 인간의 이해와 기준에 의해서 인식하고 규정한 결론을 대전제로 삼는 논리의 전개는 인식의 악순환, 미망迷妄의 딜레마에 빠질 뿐이다. 인간은 만물의 척도라고 할 때, 그 인간은 말하는 사람의 관념에서 고정된 인간일 수도 있고 무한한 변화 가능성의 인간일 수도 있다.

후자의 경우는 이미 인간은 일정한 척도일 수가 없다.

인간은 인간이 아닐지도 모른다. 개체는 개체가 아닐지도 모른다. 이것도 변하고 저것도 변하며, 관계도 변하고 전체도 변한다. 연기하는 모든 것과 연기적 관계도 다 변한다는 것이다. 이것이 무유정법無有定法(절대적으로 정해진 이치는 없다)의 기초다. 머무르는 데 없이 마음을 내라〔응무소주 이생기심 應無所住 而生其心〕(《금강경 金剛經》).


## 현상과 본질

사람들은 말한다. "본래의 마음은 물이고, 유전流轉하는 마음은 파도다" "물은 본성, 즉 깨달음의 세계 진여문眞如門이고, 파도는 무명, 즉 무지의 세계 생멸문生滅門이라"고. 그러나 이제는 이렇게 고쳐 말하자. "물이면 파도이고, 파도면 물이다." 본성이나 본심이 따로 있거나, 무명이나 생멸심이 따로 있지 않다. 본성이면 생멸의 세계이고, 생멸의 세계면 본성이다. 본질이면 이미 현상이고, 현상이면 이미 본질이다. 그렇다고 일원도 아니며, 또한 이원도 아니다. 모든 것이 근원적이라고 하는 전원도 아니며, 어느 것 하나도 본질적인 것 없는 무원도 아니다. 구분은 구분이되 늘 다름도 아니고, 같음은 같음이되 늘 같음도 아니기 때문이다. 있음도 늘 있음이 아니고, 고정된 있음도 아니기 때문이다. 없음도 늘 없음이 아니고, 고정된 없음이 아니기 때문이다.

개체 · 현상과 전체 · 본질은 따로 존재하는가

물은 물이고, 파도는 파도다. 그러면서 파도는 물이고, 물은 파도다. 물과 파도를 구분하고 파도를 미망의 무명지심無明之心으로 보는 자에게는 분명 파도는 무명이요 불각이며 생멸의 세계다. 그러나 파도가 물을 떠나 있지 않고, 물도 파도를 떠나 말할 수 없다는 사실을 깨닫고 있는 자에게는 물도 본성이 아니요 파도도 무명이 아니다. 파도라는 현상에만 따로 미망의 허울을 씌우겠는가?

이것은 관념이나 언어의 유희가 아니다. 실제로 물이면 파도이고, 파도면 물이지 않는가? 물이 꼭 본성이고 파도는 꼭 가성인 것이 아님이 명백하지 않은가? 그러나 사람들은 구분한 것을 기어코 구분된 것으로만 보려 한다. 그래 놓고 자기들이 내심 원하는 쪽을 기준으로 둠으로써 스스로 '방향의 혼동'을 일으키고 있다.

어떤 사람은 파도와 같은 이 세계의 어떤 현상이나 개체의 삶을 사랑해 그것을 본질적인 가치로 받아들이고자 하며, 그러한 현상만이 영원불멸의 것이기를 끈질기게 기원한다. 어떤 사람은 현상의 배후에 이데아와 같은 본체의 세계가 있다고 상정하고 현상은 가상의 세계라고 규정하면서, 이를 초월해 근원적인 본체의 세계로 돌아갈 것을 기원한다. 어느 방향이든 방향의 혼동이다. 전자의 경우, 결국 도달하는 곳은 실존의 불안과 고뇌, 인간의 한계 상황이다. 후자의 경우는 절대자의 설정 및 그에 대한 의지 또는 본질적 이데아의 세계로의 초월이나 상승을 향한 관념의 노력으로 이어진다. 위의 두 경우 모두 현재의 삶은 불안과 불행 그리고 불만족의 그늘에 싸여 있다. 설사 일시적 쾌락이나 행복에 젖어 있을지라도 조만간 공허와 적막감에 빠져버릴지도 모르는, 허무 위에 쌓고 있는 모래성이다. 그것을 바로 보기조차 두려워 취미를 갖고 친구와 연인을 찾는다. 때로는 환상과 환각의 세계에까지 손을 뻗친다. 이것이 붓다가 말한 두카의 현실 세계다. 삶은 언제나 먼 이상의 세계나 피안의 세계에 대한 갈망으로 허덕이고 있다. 이상향은 신기루처럼 환상 속에 떠 있고, 현실의 삶은 노고 속에 찌들어 있다. 그렇게 세월만 흘려보내는 삶이 얼마나 많은가?

붓다는 현재의 현실이 바로 깨달음과 자유에 직결된다고, 아니 그것이라고 보았다. 그는 인간, 개체, 궁극, 전체, 목표 그런 것에 구애받는 사고나 언어의 전파자가 아니었다. 움직임이나 변화가 끊임없이 세계를 관류하고 세계와 관계하고 세계 속에서 살아 있는 한, 그에게 삶 자체는 깨달음이고 자유였던 것이다. 현재의 삶 그대로, 그는 방향의 혼동을 스스로 정리하고 스스로 방향을 가리키고 사는 삶의 주체였다.

그러한 삶은 저 높은 곳으로 또는 다른 바깥 세계로 초월하는 것이 아니다. 진흙 같은 오늘의 삶 속에서, 수고롭고 무거운 짐을 진 일상생활 속에서, 원래 삶에는 시원始原과 종말終末이 없고, 삶의 폭과 깊이가 무한하며, 삶의 가지가지 관계와 인과 연쇄가 고정되어 있지 않고 살아 움직인다는 사실 그대로 보고 사는 것이다.

이것을 느끼지 못하고 보지 못하는 것은 어딘가에 머물러 있고 집착하기 때문이다. 어떤 목적과 가치, 이익 등의 기준을 고수하고 지향하고 있기 때문이다. 방향의 혼동도 그의 자유이고 그의 책임이며, 혼동의 정리와 깨달음의 길도 그의 자유이고 그의 책임이다. 그러나 '그'는 어떤 개체

개체 · 현상과 전체 · 본질은 따로 존재하는가

라고 단정하거나 고정할 수 있는 존재가 아니다. 혼자든 함께든 모든 것은 그와 결부돼 있다. 그의 자유, 그의 책임이란 것도 고정 불변의 것이 아니다. 혼동을 재정리하고 나면 그는 나와 너, 우리, 아니 모든 것일 수 있으며, 그 모든 것을 다 떠난 것 또는 다 잊어버린 것이라고도 할 수 있다. 그러고 나면 유에도 무에도 걸리지 않는, 철저히 자유와 자각의 삶일 뿐이다. 자기구성적 삶이라고나 할까? 당신이 생각하는 '자기'를 기준으로 생각하지 말라. 그것은 이미 자기가 아니라, 대상이고 사물이다.

어떤 것이 자기인가? 자기를 잊어버리는 것이 자기인가? 왜 자꾸만 기억과 지식과 상상과 관념으로 판단하는가? 아직도 방향의 혼동 속에 있다면 먼저 무지를 알라. 따로 본질적 자기나 가상의 자기를 설정하지 말라. 그러기 전에 먼저 무지를 알라. 이것이 붓다의 가르침이다.

다시 한 번 말하면, 본질과 현상은 따로 있지도 않고 함께 있지도 않다. 정확하지 않고 엄밀하지 않은 관념과 용어로 사물을 규정하려 하는 사람들이 생각하는 본질과 현상이란 없다. 현상을 떠난 본질 없고, 본질을 떠난 현상 없다. 다른 말로 바꾸어보면, 사물은 현상도 본질도 아니다. 사람들이 말하는 본질과 현상은 그들의 관념일 뿐이다. 본질과 현상의 화해란 말도 그들의 관념 사이의 화해일 뿐이다.

# 근원은 없다

피상적·일시적 현상 또는 일면적·부분적 현상을 떼어놓고 그것만을 가지고 말할 경우, 그 현상에는 분명히 생성·발전·소멸이 있다. 즉 시작과 끝이 있다. 고조선이나 고대 로마의 흥망성쇠, 인간이나 매미의 일생 등이 그런 것이다.

모태에서 태어나 호흡이 멈출 때까지를 인생이라고 부른다면, 사람에게도 시작과 끝이 있다고 말할 수 있다. 그러나 생각을 어느 개체, 어느 장소, 어떤 시점에만 국한하지 않고 개체와 개체의 관계, 어떤 사물과 어떤 사물의 관련성에 주목해 생명의 흐름이나 사물의 변천을 관찰해본다면 어떻게 될까?

어머니의 어머니, 그 어머니의 어머니, 그리고 그 어머니의 어머니… 이렇게 모든 생물의 흐름을 거슬러 올라간다면, 생명이 있는 일체의 존재의 근원은 어디이며 어떤 과정을 거쳐서 흘러왔을까? 생각을 여기 이 땅,

이 지구에만 국한하지 말고, 눈에 보이는 동물이나 식물에만 한정해서 보지도 말자. 눈에 보이지 않는 미생물, 더 나아가 극미생물의 현상까지 생각해보자.

현재의 육체적 또는 과학적 시력으로 잡히지 않는 극미나 극대의 세계에까지 생각을 무한대로 뻗어나가 보자. 그 광대무변하고 그 미묘심원한 현상에서는 어디가 시작이고 어디가 끝일까? 어느 것이 앞선 것이고, 어느 것이 뒤에 오는 것인가? 과연 생각이 미칠 수 있으며, 현재의 지식으로 결론을 내릴 수 있는가?

생명의 세계를 살펴보고 되짚어보는 것만으로 그 인과 연쇄의 관련성을 제대로 알 수 없고 그 근원을 알 길이 없다. 그런데 이 생명의 세계와 무생물의 세계는 또 어떤 관련이 있는가? 존재하는 세계 속 일체의 관련성 속에서 대체 근원이란 어떤 것이며, 과연 근원은 있는 것인가? 생물과 무생물은 과연 절대적으로 구분되는 것인가? 존재한다는 것은 과연 어떤 조건과 의미를 말하는 것이며, 존재라는 것과 비존재라는 것은 진정 구분이 가능한 것인가? 아무리 생각해봐도 이런 의구심을 떨칠 수가 없다. 이미 현대의 첨단 과학은 극미의 세계 속에서 생물과 무생물의 구분이 모호함을 밝히고 있다. 존재와 비존재, 물질과 비물질의 구분도 이미 사라지고 있다고 과학계의 새로운 경향은 말하고 있다.

그렇다면 생물과 무생물, 존재와 비존재가 일견 구분되는 면이 있으면서도, 절대적으로 구분될 수는 없다는 사실은 무엇을 의미하고, 과연 우리의 인식에 어떠한 영향을 주고 있는가? 우리는 여기에서 사물이나 개체의 독자성이나 독립성의 문제를 그들 사이의 관련성, 즉 상호 연관성이나 관계의 문제와 결코 완전히 분리해서 생각할 수 없다는 사실을 발견한다. 그리고 어떤 때 어떤 곳 어떤 범위 어떤 부분에만 한정하거나 어느 하나의 차원이나 관점에 얽매이거나 고정된 시각으로 바라보아서도 안 된다는 사실을 인식한다.

이와 같이 모든 것을 모든 것과의 연관성에서, 그리고 그 모든 것이 단 한순간도 쉬지 않고 끊임없이 변화하고 있다는 관점에서 본다면, 거기에 시작이 어디 있으며 끝이 어디 있겠는가? 이것은 저것의 근원이고 저것은 이것의 근원이라고 함이 오히려 타당하지 않은가? 생의 근원은 말할 것도 없고, 사의 근원이나 무생물의 근원도 서로 깊은 관련성의 그물망 속에서 존재하고 흘러가며 변화하고 있음을 발견할 수 있지 않은가?

그런데 이것은 이것일까? 또 저것은 과연 저것이라고 할 수 있는 어떤 것일까? 이것 속에 또는 저것 속에 다른 어떤 이것과 저것은 없을까? 그리고 그것들의 관계나 관련성이란 것도 딱히 무엇이라고 단정할 수 있을까?

근원은 여기와도 관련이 있고, 저기와도 관련이 있다. 때로는 보이는 현상이 보이지 않는 것과 깊은 관련이 있다. 때로는 애초의 한계를 넘어 전혀 예상치 못했던 저편으로 나아가기도 한다. 여기의 현재는 저기의 과거나 미래가 되기도 하며, 저곳의 현재는 여기의 과거나 미래가 되기도 한다. 앞선 것이 뒤선 것이 되기도 하며, 뒤선 것이 앞선 것이 되기도 한다. 우리가 선 오늘의 이곳, 이 지구, 이 태양계, 이 우주를 벗어나서 생각하면, 우리는 시작과 끝이 따로 없다는 사실을 발견한다.

　오늘 나는 유유히 흐르는 한강물을 바라보며, 폐수로 오염되어가고 있는 낙동강의 근원을 생각해본다.


　강물의 근원은 강을 넘어서는 곳에 있다.

　그 근원은 이 산과 저 산, 이 골과 저 골, 이 마을과 저 마을에서 흘러오고 흘러가고 있다.


　앞 강물, 뒤 강물이 만나 먼 바다로 흐르는 천하의 흐름들은 어디서 연원하는가?


　산속의 흐름은 그 근원이 산을 넘는다.

　산속을 흐르는 깊은 물, 그 근원은 산의 꼭대기, 산정이 아니다.


　산은 산을 넘는다.

　산은 산이 아니다.


　흙, 돌과 바위 속에,

　풀뿌리, 칡덩굴, 우거진 숲과 나무들 속에 산은 있다.

　깊은 샘물이 억만 겁 세월의 함묵含默을 안고 조용히 흐르고 있다.

1 • 다시 보는 붓다의 핵심 사유

대지의 더운 기운이 저 높은 창공의 물기를 휘감아 도는 곳,
구름과 바람과 별과 비,
밤과 낮, 거기에 그곳으로 근원을 돌리는 산,
산은 산을 넘는다.

천지의 물길이 풀과 나무와 돌부리에 닿아 있고,
대지의 차고 더운 기운은 미치지 않은 곳이 없다.

그 모든 것은 다시
마을과 강물과 산과 나무 그리고
깊은 샘물을 향해 근원을 더듬는다.

근원이 근원을 찾는다.
근원은 다시 근원을 넘어선다.

그리하여 근원은 근원이 아니다.
아니, 근원 그것은 서로가 근원이다.
이것은 저것의 근원이고
저것은 이것의 근원이다.

아니, 근원은 없다.

어디메, 무엇이 근원인지 알 길이 없다.

어디서 어떻게 어디로 흘러가고 흘러오는 흐름인지….

때로는 폭포수로 쏟아지고 내리닫는가 하면,
때로는 구불구불 유유히 흐르다가
빙글빙글 순환의 흐름을 보인다.

얽히고설킨 그 흐름의,
복잡다단한 모습의 시작과 끝을 알 길이 없다.

본시 그 흐름엔 시작도 끝도 없었고 근원도 없었다.

그리하여 근원을 묻는 물음 앞에, 싯다르타, 그는 다음과 같은 말을 던진다.

"어진 벗들이여, 이 끊임없는 흐름의 순환에는 끝이 보일 리 없다. 얽히고설키며 방황하는 존재, 무지에 휩싸여 갈망의 족쇄에 묶여 있는 그 삶의 시작 또한 알 길이 없다. 무지를 넘어서는 언덕의 저편 뒤에, 더 이상 무지를 잉태하지 않는 존재의 근원을 가정하는 방식으로 결코 무지의 시원을 알 길은 없다."

근원을 따져보면서 인간이란 무엇인가를 새삼 자문해본다.

'인간을 깊이 들여다보면 인간의 한계를 알 길이 없다. 인간을 관계와 과정과 구성 및 그 변화 속에서 보면, 인간은 인간을 넘어서는 존재다. 인간은 인간이면서 인간이 아니다.'

사람이란 무엇인가? 사람의 외형만 타고났다고 해서 사람이 아니다. 사람은 사람의 사랑을 받고, 사람 가운데서 여러 가지 운동에 의해 성장할 때 사람이 되는 것이다. 사람을 육신만을 기준으로 관찰하는 사고에서 벗어나자. 선천적으로만 사람이 되는 것도 아니고, 후천에 의해서만 사람이 되는 것도 아니다. 또 선천·후천이란 요소에는 인위人爲만 있는 것도 아니다.

눈에 보이는 사람, 환경, 자연, 공기, 물, 눈에 보이지 않는 온갖 미물, 현대 과학의 기술로도 잡히지 않는 극미와 극대의 세계 그리고 심층 세계에 의해서 사람이 되는 것이다. 그러므로 단순히 사람을 '오륙 척의 신체를 지니고 걸어 다니는 직립의 인간'식으로 보는 것은 너무도 일면적·일시적·부분적·피상적 관찰에 불과하다.

사람이 비록 누군가의 뱃속에서 태어났다고 해도, 그것이 그 사람의 기원이라고 단정할 수 없다. 얼른 보아 외형적으로는 그것이 맞는 것 같아도 깊이 따지고 보면, 그것은 단지 과정과 경로에 지나지 않는다. 사람은 인간 육신을 넘어서는 데까지 연결되어 있다. 그러나 그 연결이 영혼이나 무슨 신비스러운 연결고리에 의해 만들어진 것은 아니다. 육안이나 기술적 도구에 의해 완전히 파악하기가 쉽지 않을 뿐, 분명히 사실적 조건에 의해 이루어지고 변화하는 현상인 것이다. 그 복잡 미묘한 현상을 정확하게 다 설명할 수 없을 뿐이다.

어쨌든 태양계의 탄생에서 지구의 생성을 거쳐 진화하는 생명계의 연결고리 끝에 직립 유인원이 나타나고, 그리하여 다시 크로마뇽인Cro-Magnon man이 어떻고 호모 사피엔스homo sapiens가 어떻다는 식으로 생겨난 인간의 기원설은 단지 출구나 경과만을 극히 일면적·부분적·한정적·피상적 관찰법으로 기술한 것에 지나지 않는다. 과거, 현재, 미래란 것 자체가 우리가 생각하고 보는 관점에서 파악하고 생각한 결과라는 사실을 잊어서는 안 된다. 이 과거, 현재, 미래라는 것 자체도 상대성을 떠나지 않고 있다는 것을 명심해야 한다.

그리하여 사람은 이러한 상대적 세계 속에서 가시적 또는 불가시적인 무한한 인과 연쇄의 관계와 그 관계의 끊임없는 변화에 의해 생성·변화하는 사실을 일의적으로 그냥 '사람'이라고 표현한 데 불과하다. 다른 존재나 사물도 마찬가지다.

그러므로 그 본질이라든지 그 근원을 천착할 필요가 없다. 굳이 파고든다면 남는 것은 복잡다기한 현상의 얽히고설킨 관계나 변화가 있을 뿐이고, 움직임 같은 것으로 표현할 수밖에 없는 것이다.

옛사람이 이를 공이라든지 도라든지 억지로 이름을 붙인 것이고, 보통 사람이 변화나 움직임 속에서 존재한다는 사실을 일컫기 위한 표현일 뿐이다. 다 편의상 붙인 것이라는 사실을 완전히 배제할 수는 없는 말들인 것이다. 삼라만상 모든 사물의 근원이나 본질을 따지고 들면, 결국 선후 관계없이 이것과 저것의 연기적 사실만을 확인하게 될 것이다. 그러나 이 말도 말하는 순간 어폐가 생길 수 있다. 이것과 저것의 관계, 이것이라고 저것이라고 할 것, 그 자체를 과연 있다고 언급할 수 있는가? 다만 인간 존재의 목적이나 편의 또는 소위 인간 본성이라고 하는 이차진리二次眞理 (어떤 전제하에서 내린 명제, 소위 보편성 운운하는 것들)적 기준에서 현존재를 규정하고 관리하려고 한 것이다. 그러다가 어느덧 끊임없이 변화하는 현상의 실태를 잊어버리고, 마치 고정 불변의 사물인 양 인식하는 뿌리 깊은 인습적 사고에 물들어버리게 된 것이다. 그리하여 나와 우리의 것, 나와 우리의 세계를 공고히 하고 영속화하려고 집착에 집착을 쌓으며 살아가고 있는 것이다.

# 중도의 길, 방향성의 가늠이 중요하다

●
○

욕망이 시키는 대로 좇아가는 길, 욕망을 억제하고 거부하는 길, 이 두 가지 길의 방향에는 양극단이 있다. 그러면 적당히 추구하고 적당히 억제하는 것이 중도일까? 아니다.

욕망을 추종하지도 억제하지도 않는 것, 욕망과는 다른 차원, 욕망보다 높은 차원을 지향하다가 어쩌면 욕망을 잊어버리고 잊어버렸다는 것조차 의식하지 않는 방향으로 나아가는 것, 최소한 그러한 방향을 순로로 정하고 비록 느리더라도 자발적으로 끊임없이 전진하는 것, 그것이 중도다.

붓다의 가르침에 의하면, 자각에 이르는 길을 가고자 하는 사람들이 주의해야 할 두 가지 극단이 있다. 하나는 육체적·물질적 욕망에 탐닉하는 길이고, 또 하나는 가혹한 고행으로 심신을 괴롭히는 길이다. 이 두 가지 치우친 삶을 떠나 자각과 지혜와 마음의 평화로 인도하는 고귀한 삶의 길, 그것이 중도다.

중도는 관점과 견해, 사고와 사상, 언어와 표현, 행위와 형태, 생업과 직책, 노력과 수행, 기억과 주의, 집중과 선정 등을 대별하여 여덟 가지 삶의 양상에서 언제나 바른 길이 무엇인지 찾아서 실천하는 것이다. 그러면 어떻게 하는 것이 바른 길을 가는 것인가? 붓다는 다음과 같이 설명했다.

"존재하는 모든 것은 무한한 요인과 조건의 연결 관계와 그 상호 작용으로 인한 변화에 의해 생기고 이루어지고 없어지곤 하는 것이다. 피상적 관찰자들은 이러한 현상의 삶을 있거나 없거나 둘 중 하나로 본다. 그러나 현명한 사람들은 있고 없고의 관념의 틀을 벗어나서 실제 현실을 본다. 이렇게 보는 것이 중도의 관점이다."

여기에 큰 강물 위에 떠 있는 통나무 하나가 바다로 가도록 되어 있다고 하자. 이 통나무가 좌우 언덕에도 걸리지 않고, 가라앉지 않으며, 부서지지도 않고 떠내려간다면, 그 통나무는 마침내 바다로 흘러들어갈 것이다. 이와 같이 어떤 사람이 이기적 탐닉이나 삶의 부정적 태도에 집착하지 않고, 미덕이나 선행을 의식하거나 악덕과 비행의 유혹에 흔들리지 않으며, 미망(혼란, 혼몽, 자기기만 등)과 공포(두려움, 불안 등)에도 휩싸이지 않는다면, 그러한 사람은 중도를 가는 자다. 사물을 있고 없고의 차원에서 볼 수 없음을 알고 그저 꿈과 비슷한 성격의 것임을 염두에 두면서, 개인적인 자부심에도 흔들리지 않고 공적과 선행에 대한 칭찬이나 평판에도 좌우되지 않으며 그 밖의 어떠한 것에도 걸려들거나 끌려다니지 않는다면, 그러한 사람은 중도를 가는 자다. 중요한 것은 어떠한 종류이건 극

중도의 길, 방향성의 가늠이 중요하다

단에 사로잡히거나 휘말리지 않는 것이다.

욕망의 파도에 휩쓸려 허우적거리지 않기 위해서는 어떤 사물이나 존재 또는 특정한 대상에 길들여지지 않도록 그리고 집착하는 상태가 되지 않도록 스스로를 다스려야 한다. 진실로 중도를 원한다면, 유무와 생사와 안팎과 호오好惡와 선악과 정오正誤를 절대적으로 구분하고 집착하는 차원을 넘어서야 한다. 그렇게 되도록 노력해야 한다.

어떠한 사물이나 대상에 끌리는 순간, 집착 상태에 갇히는 순간, 바로 그때부터 미망의 삶은 개시된다. 그러나 깨달음을 향해 고귀한 길을 걷고자 하는 사람은 어떤 것에 얽매이지 않고 무엇을 움켜쥐지도 않으며 어디에 머물러 있지도 않아, 후회도 아쉬움도 남지 않으며, 균형 감각과 형평성을 갖춰 평온하고 조화된 심성으로 사물을 본다.

깨달음 역시 일정한 형식이나 방식이 없고 정해진 성격이나 법칙도 없기 때문에, 사실 깨달을 것은 아무것도 없다. 미혹함이 있는 까닭에 깨달음이 있게 되는 것이지, 미혹함이 없다면 깨달음도 없는 것이다. 또한 그 역逆도 같다. 미혹과 무지는 깨달음 때문에 있게 되는 것, 깨달음이 없어지면 무지와 미혹도 없어진다. 그러므로 깨달음에 대해서도 집착할 어떠한 대상으로 여기지 않도록 각별히 주의해야 한다.

깨달음이 있다고 생각하는 것은 더없는 장애가 되기도 한다. 깨달음을 원하여 그것에 집착하게 되면 미망에 빠지고 만다. 그러므로 깨달음의 길을 가고자 하는 사람은 그 자체에도 집착해서는 안 되고, 깨달음을 얻었다고 할지라도 거기에 머물러 있어서도 안 되며, 얻었다는 것을 의식해서도 안 된다.

이러한 의미에서 자각한 사람은 '모든 것이 있는 그대로 깨달음'의 상태라고도 할 수 있는 것이다. 그러므로 그러한 길을 가고자 하는 사람은 스스로의 자각 속에서 세상의 일과 깨달음의 세계가 둘이 아님을 아는 경지에 도달하도록 나아가야 한다.

붓다의 가르침은 상반되는 두 가지 분별적인 관념에서 떠나 불이不二의 도리로 인도하는 데 있다. 둘이 아님은 똑같은 하나도 아니고 완전히 다른 별개의 것도 아니라는 뜻이다. 혹시라도 상반되는 두 가지 중 하나를 택해 집착한다면, 설령 그것이 선이나 정의라 하더라도 잘못된 것이며, 그것이 악이나 불의로부터 떠나고자 하는 것이라 하더라도 그릇된 것이다. 모든 것이 고통이라고 단정하는 것도 잘못된 생각이며, 또한 모든 것이 행복이라고 단정하는 것 또한 그릇된 생각이다. 모든 사물이 무상해 변화한다는 생각에만 사로잡혀 그것만을 주장하는 것도, 모든 사물이 실재하며 불변한다는 생각을 주장하는 것과 마찬가지로 잘못된 것이다. 사람이 이기적 개아個我나 자기중심적 자아의 실체에 집착한다면 끝내 불만족과 괴로움, 고통에서 완전히 벗어날 수 없을 것이므로 그릇된 것이고, 반대로 자기의 근원이 허무하고 온통 공허하기만 하다고 믿는다면 그것 역시 진리의 길을 가고자 하는 삶에 아무런 쓸모가 없을 것이므로 잘못된 것이다.

붓다의 가르침은 중도에 있기 때문에 편견을 넘어서고 있고, 어중간한 절충도 타협도 아닌 지속적으로 분별의 차원이 지양되고 통합되는 길, 그리고 그것마저도 의식하지 않게 되는 길을 제시하고 있다. 변화와 불변, 무아와 유아 등 이원성 또는 양분성의 분별적 사고의 차원을 뛰어넘는 데서 삶의 진실과 사물의 진면목이 드러난다.

## 공이란 무엇인가

사물의 기본적 성질은 고정되어 있지 않고 변화하며 절대적으로 구분할 수 없는 것인 바, 이를 일러 '공空'이라고 부른다. 공이라 함은 실체가 없다는 것, 생겨나는 것이 아니라는 것, 자체의 정해진 성질이 없다는 것, 둘로 완전히 나눌 수 없는 것 등을 의미한다. 공인 사물은 원래 정해진 형식이나 모양이 없고 고정 불변의 특징이나 개성도 없는 것이므로, 생겨난다고도 사라진다고도 말하기 어렵다. 그 기본적 성격을 분별적인 용어로 표현할 길이 없어, '비어 있다' '실체가 없다'는 함의를 가진 '공'이라고 부르는 것이다.

이미 지적한 바와 같이, 모든 사물은 여러 가지 요인과 조건이 상호 연관·인과 연쇄 아래 성립되며, 서로 관계하고 의존하면서 변화하고 움직인다. 어떠한 것도 완전히 홀로 존재하는 것은 없다. 빛과 그림자, 긴 것과 짧은 것, 검은 것과 흰 것의 관계에서도 볼 수 있듯이, 사물들의 자체 성질이라는 것이 오로지 단독으로 형성되고 존재하는 것이 아니다. 이를 의존성 또는 비독자성이란 뜻에서 무실체 또는 무자성無自性이라고 한다.

그와 같은 이유로, 깨달음은 미망과 따로 떨어져 생각할 수 없고, 미망 또한 깨달음과 떼어서 생각할 수 없다. 사물들이 그 근본적인 성질상 완전히 분리될 수 있는 것이 아니라면, 어떻게 둘로 나뉘는 양분성兩分性 또는 이원성이 있을 수 있는가? 그렇다고 하나인 전체로도 환원될 수 없는 이유는 전체 또한 변화하는 요인과 조건의 연관성 아래에서 무실체·무자성을 지니고 있으므로, 전체라는 하나의 그 무엇이 별도로 있다고 할 수 없기 때문이다.

사람들은 인습적으로 사물을 생성되고 소멸하는 것과 연관해서 생각하지만, 실제에서는 관계와 모양과 형식이 변화할 뿐, 그러한 생성·소멸의 관념은 있을 수 없다. 원래 정해진 형식이나 모양이 없고 고정 불변의 특징이나 개성도 없는 것이므로 생겨난다고도 사라진다고도 말하기가 어렵다.

사람들은 '나'의 실체가 있다고 생각하여 자기중심적 개아의 관념을 형성해 오래오래 익혀왔고, '나의 것' '나의 소유'라는 관념에 집착해 그것이 자기의 실체인 양 받아들이고 있다. 그러나 모든 인습적 사고와 피상적 관찰을 떠나서 사물의 진면목을 꿰뚫어 보면, 그러한 자기중심적 개아라는 고정 불변의 실체도 없으며, 나아가 나의 것, 나의 소유란 것도 있을 수 없다는 것을 알게 된다. 깨끗함과 더러움, 선과 악도 사람들은 본래부터 그러한 것이라고 여기지만, 동떨어진 선과 깨끗함은 없을 뿐 아니라 동떨어진 악과 더러움도 없어, 서로 따로 떼어서 생각할 수 없는 것이다. 그러한 구분과 차별은 조건적·상대적 세계의 산물로, 원래 실재한 것은 아니다.

　사람들은 자연히 불행과 불운을 두려워하고 행복과 행운을 갈망한다. 그러나 그러한 구분과 차별을 곰곰이 생각해보면, 불행이 행복으로 바뀔 수도 있고 행복이 불행으로 바뀔 수도 있음을 알게 된다. 현명한 사람은 변화무상한 삶의 상황을 균형 잡힌 자세, 즉 평상심으로 대하는 것을 배워 알고 있다. 그는 성공에 들뜨지도 않으며, 실패에 의기소침하지도 않는다.

　깨달음의 길을 가고자 하는 사람들은 그것들이 원래 별개의 것이 아님을 알고, 마침내 둘도 없는 진리를 찾아가게 된다. 그러할 때 그들은 선을 찬양하거나 악을 비난하지도 않고 선을 무시하거나 악을 위로하지도 않는다.

　그러므로 서로 다른 별개의 둘로 나누는 말들, 이를테면 존재와 비존재, 세상 욕망이 벌이는 일과 참된 자각적 앎의 세계, 순수함과 불순함, 선과 악 등 인간의 사고 속에 존재하는 이런 모든 상반되는 용어는 사물의 참된 성질에서 보면 표현될 수도 없고 인정될 수도 없는 것이다. 사람들이 그러한 용어와 그 용어에 의해 형성된 감정·정서에서 자유롭게 벗어날 때 공을 깨달을 수 있게 된다.


　"연꽃이 더러운 진흙 가운데서 피어오르듯이, 붓다의 순수한 깨달음도 세상 욕계의 진흙 바닥에서 솟아오른다. 그릇되고 잘못된 견해나 세속적 욕망의 미혹도 깨달음의 세계가 될 수 있는 씨앗이기도 한 것이다.

1 • 다시 보는 붓다의 핵심 사유

험한 산호초와 사나운 상어 떼와 같은 온갖 위험을 무릅쓰고 바다 밑 깊은 바닥으로 내려가야만 헤아릴 수 없는 값어치의 진짜 진주들을 손에 넣을 수 있듯, 세속적 욕망의 진흙 바다 속에서 그 위험과 직면해 의연해지지 않으면 깨달음의 진귀한 보화를 얻을 수 없다.

산더미처럼 커다란 이기심과 자기 중심의 고집으로 자기 자신에만 집착하던 사람도 도를 찾고자 하는 마음이 일어나게 되면, 마침내는 깨달음에 도달하게 된다. (…) 명예욕과 물욕으로 다듬어 세운 칼날의 산 위에서도, 또한 증오가 이글거리는 거대한 불구덩이 위에서도, 깨달음의 선선한 바람은 불어오고 있는 것이다."_《유마힐경 維摩詰經》

# 붓다의 사상은 형이상학이 아니다

●

○

붓다는 한때 코삼비Kosambi라는 지방의 심사파Simsapa 숲속에 머물고 있었다. 그는 떨어져 있는 나뭇잎사귀 몇 개를 손에 움켜쥐고 제자들에게, "내 손아귀에 있는 나뭇잎사귀와 숲에 있는 나뭇잎사귀 중에 어느 것이 더 많은가" 하고 물었다. 그리고 붓다는 말했다.

"많이 안다고 알고 있는 바를 다 이야기할 필요는 없다. 왜 내가 그러한 것들을 다 말하지 않는가? 그런 것은 유용하지 않기 때문이다. 열반으로 인도하지도 못하기 때문이다. 그것이 내가 너희에게 그러한 것들을 말하지 않은 이유다."

케사풋타Kesaputta 마을 사람들이 브라만 승려와 이론가들이 번갈아 찾아와 제 각기 자기들의 이론만이 옳다고 주장하는 데 대해 갈피를 못 잡고 어지러워하고 있을 때, 붓다는 "알 수 없고 의문스러운 것은 당연하며, 알 수 없거나 의문스러운 것은 바로 알 수 없거나 의문스러운 것에서 일어난다"는 말을 한 적이 있다. 그러면서 그러한 종교적 권위나 이론가들의 지식과 추론에 휘둘리지 말고, 오직 삶과 실천을 통해 몸소 체험하면서 제 스스로의 판단에 의해 옳고 건전하다고 생각될 때에 따르라고 말했다.

알 수 없거나 의문스러운 것은 무엇인가? 사람들이 얼른 납득이 되지 않는 것들이다. 사람들마다 생각과 견해가 달라 서로 나뉘고, 시비는 시비를 낳고 오해는 오해를 낳아 싸움과 갈등이 끊이지 않는 문제들이다. 그로 인해 조직과 집단의 이해, 그리고 거기에 소속된 개인의 이해에까지 영향을 미친다고 여기는 문제들이다. 이른바 형이상학적인 문제들, 증명할 수 없거나 증명하기 어려운 명제들이다.

붓다는 일찍부터 이러한 문제들의 성격과 문제점을 정확히 간파하고, 이러한 것이 사람들의 생사 문제 해결에 도움을 줄 수 없으며, 도리어 혼란과 공포만을 안겨줄 뿐이라고 경계했다. 원래 조건적이고 상대적이며 변화하는 물리적 우주와 생물계 자체가 불확정적이며 동태적 유동성 속의 변화 과정에 있다는 사실을 붓다는 이미 알고 있었다. 그뿐만 아니라 그러한 세계 내의 존재가 인지하고 받아들이며 만들어내는 관념과 언어와 형상 자체가 거대한 상징체계로서 인간에게 마치 내적 원리인 양 주어진 것, 즉 소여所與로 작용하고 있는 현상까지 꿰뚫어 보고 있었다. 다시 말해 형이상학적 명제를 세우는 것 자체뿐 아니라 그러한 것을 말로 나타낸다는 것도 문제이며, 억지로 나타낸다고 한들 시비와 오해와 갈등의 소지만을 남기거나 확대 재생산하게 된다는 것이다. 언어와 형상 자체의 상대성과 한계를 익히 알고 있던 그는 형이상학적 실재나 영원불변의 보편적 실체를 표현하고, 다시 이런 것들을 이론적으로 체계화하는 것이 얼마나 어리석은 일인가를 말하고 있는 것이다.

사실 어리석은 정도가 아니라 이론의 조직화와 체계화가 장기화되어 권위화나 교조화, 신화화의 단계에까지 이르면, 이러한 형이상학적 이론은 이미 특정 사회 또는 집단의 이익이나 이데올로기적 목적에 봉사하는 것으로 전락한다는 것을 붓다는 알고 있었다. 그는 당시의 사회상이나 관념의 세계가 야기하고 있는 문제점들을 통해서 이미 파악하고 있었던 것이다. 그는 새로운 길을 걸을 수밖에 없었고, 그 길을 따라 새로운 관점을 이야기했으며, 심지어 자기 스스로의 존재와 언설까지도 고쳐지고 수리되어 새로워져야 할 것으로 언명하기까지 했다.

《금강경》에서 붓다는 수보리와의 대화 가운데 "내가 말하는 법도 뗏목과 같은 것이고, 불법도 불법이 아닌 이른바 불법"이라고 말한 바 있다. 심지어 "한 법도 말한 바 없다" "한 중생도 제도한 바 없다"고까지 말하면서 중생이 언설과 상에 집착해 그릇될 수 있음을 경계했다. 붓다는 오직 인간을 제 스스로의 자각에 의해 안전하고 평화롭고 행복한 자유의 세계, 즉 열반으로 안내하고 인도하려고 했을 뿐이다.

그는 지적 호기심을 만족시키려는 어떠한 말도 결코 하지 않았다. 그는 실제의 삶에서 평화와 행복을 가져다주는 것만을 가르쳤다. 또 하나의 초기경전은 불필요한 형이상학적 질문들, 이를테면 순전히 추리적이거나 사변적인 것들과 상상적인 문제들을 제기하는 토론에 붓다가 얼마나 관심이 없었는지를 말해주고 있다. 붓다는 그러한 것들을 끝없이 펼쳐질 '견해의 대해원大海原'이라고 했다.

지금도 그렇지만, 그 당시에도 이러한 문제를 제기하는 사람들이 많았던 모양이다. 그의 제자들 가운데도 붓다의 태도를 못마땅하게 여겼던 사람들이 있었다. 붓다와 같이 명상을 하던 모임에 말룽카풋타Malunkaputta라고 하는 제자가 있었는데, 하루는 오후 명상을 끝내고 붓다를 찾아왔다. 아마도 그는 명상을 한답시고 앉아 있었지만, 사변적인 상상과 추리의 세계에서 노닐고 있었던지, "혼자 명상을 하다가 이런 생각들이 떠올랐다"고 말문을 열면서 고전적 형이상학적 문제를 제기했다.

"깨달았다고 하는 분이 설명하지 않고 제쳐두며 대답을 거절한 문제들이 여기 있습니다. '우주는 영원한가, 영원하지 않은가' '우주는 유한한가, 유한하지 않은가' '영혼은 몸과 같은 것인가, 영혼은 별개의 것이고 몸은 다른 어떤 것인가' '여래如來(깨달음과 열반에 도달한 자, 즉 붓다의 객관적 명칭)는 죽은 뒤에도 존재하는가, 죽은 뒤에는 존재하지 않는가' '여래는 죽은 다음에 존재하기도 하고 동시에 존재하지 않기도 하는가, 존재하지도 않고 동시에 존재하지 않는 것도 아니기도 하는가?'

이런 문제들에 대해 깨달았다고 하는 분은 제게 설명해주지 않았습니다. 이런 상황을 저는 만족할 수 없습니다. 저는 그런 걸 인정할 수 없습니다. 깨달았다는 분이 이 문제에 대해 설명해주면 그 밑에서 수행 생활을 이어갈 것이고, 설명해주지 않으면 상가를 떠나 다른 데로 가버릴 것입니다.

우주가 영원하다는 것을 알고 있다면 그걸 제게 알려주십시오. 우주가 영원하지 않다고 알고 있다면 그걸 제게 알려주십시오. 그런데 우주가 영원한지 영원하지 않은지 또 그 밖에 어떠한지도 모른다고 한다면, 그때는 모르는 사람을 위해서, 솔직히 '나는 모른다. 나는 알지 못한다'고 말하는 것이 옳습니다."

이렇게 자기 생각을 솔직하게 말하고 붓다의 대답을 기다렸다. 그때 붓다가 한 대답은 다른 종교가나 이론가들의 대답하고는 전혀 달랐다.

"말룽카풋타여, '와서 내 밑에서 거룩한 생활을 영위하라, 내가 그대에게 이런 문제들을 설명해주겠다'고 말한 적이 있는가? 그리고 말룽카풋타 그대 자신이 내게, '깨달았다고 하는 사람 밑에서 거룩한 생활을 영위하겠다. 그 사람이 내게 이런 문제를 설명해줄 것'이라고 말한 적이 있는가?"

물론 말룽카풋타는 아니라고 대답했다. 그러자 붓다는 다음과 같이 말했다.

"나도 그런 말을 한 적이 없고 그대도 그런 말을 한 적이 없다. 그렇다면 이러한 상황에서 누가 누구를 거절하고 말고 하겠는가? 어떤 사람이 '깨달은 자가 이 문제를 설명해야 비로소 그 밑에서 거룩한 생활을 영위하겠다'고 한다면, 그는 대답을 듣지 못한 채로 이러한 문제들과 더불어 죽을지도 모른다.

말룽카풋타여, 가령 어떤 사람이 독 묻은 화살에 상처를 입어 외과 수술의에게 급히 데리고 갔는데, 그가 이런 질문을 하며 그 해답을 얻을 때까지는 수술을 못 받겠다고 한다면 그는 어떻게 될까? '누가 화살을 쏘았는지, 그자가 크사트리야Kshatriya(무사 계급)인지 브라만Bráhman(사제 계급)인지 바이샤vaiĐya(상업·농업 종사 계층)인지 수드라Sudra(천민 계층)인지, 이름은 뭐며 가족 관계는 어떻고, 신장과 체격과 피부색과 출신지 등은 어떻게 되는지, 쏜 활과 활시위의 종류와 화살의 모양, 살에 꽂은 깃털의 종류가 무엇인지, 그리고 화살촉이 무엇으로 만들어졌는지 등을 알 때까지는 화살을 뽑지 않겠다'고 고집한다면, 그 사람은 그런 것들을 알지도 못한 채로 죽을 것이다.

말룽카풋타여, 어떤 사람이 '우주가 영원한가 아닌가, 또 그 밖에 어떠한가와 같은 질문에 대답을 해야 비로소 깨달은 사람과 더불어 그 밑에서 거룩한 생활을 영위하겠다'고 말한다면, 그는 대답을 받지 못한 채로 그런 문제들과 더불어 죽어갈 것이다."

그러고 나서 붓다는 거룩한 삶이란 그러한 견해에 의존하는 것이 아니라는 사실을 설명하면서 말룽카풋타에게 또 이렇게 말했다.

"이러한 문제에 관해 사람들이 어떠한 견해(비록 어떤 사람이 자기는 알았다고 하면서 어떤 결론을 내린다고 하더라도)를 가진다고 할지라도, 여전히 나고 늙고 쇠하고 죽을 것이며, 슬픔과 비탄, 고통과 고뇌와 번민을 해결하지 못한 채 여전히 존재할 것이다. 그러나 나는 분명히 선언한다. 그러한 것들을 바로 이 생에서 그치는 것이 열반이라고. 그러므로 말룽카풋타여, 나는 해명할 것은 해명했고 해명하지 않을 것은 해명하지 않았다는 사실을 명심하라. 내가 해명하지 않은 것들은 무엇인가?

우주가 영원한가 아닌가 또는 어떤가 하는 것은 해명하지 않았다. 말룽카풋타여, 왜 내가 그런 것들을 설명하지 않았는가? 그것은 유용하지 않기 때문이다. 그러한 것은 근본적으로 정신적인 거룩한 삶과는 관계가 없으며, 해탈, (고뇌와 고통의) 그침, 고요와 평온, 삼매, 완전한 자각, 열반으로 이끌지 못하기 때문이다. 그것이 바로 내가 그러한 문제에 관해 이야기하지 않았던 이유다.

그러면 말룽카풋타여, 내가 설명한 것은 무엇인가? 나는 '무상하고 불완전하고 조건적이고 상대적이며 고정 불변의 실체가 없어서 슬프고 고통스러워하는 이 현실(두카)'을 설명했다. 그리고 이러한 두카가 생겨나고 자라는 인연의 이치를 설명했고, 두카가 그치고 사라지는 것이 어떤 것인지를 설명했으며, 거기로 가는 방법과 길을 설명했다. 그것은 유용하기 때문이고, 정신적으로 훌륭한 삶과 근본적으로 관계가 있기 때문이다. 말하자면, 안전하고 평화로우며 자유롭고 행복한 자각의 삶, 곧 열반으로 인도하기 때문이다. 그러므로 나는 그러한 현실과 이치를 설명한 것이다."

바로 이 생에서 자각에 이르는 것, 바로 이 생에서 안심입명의 자유와 행복에 이르는 것, 그것이 붓다가 우리에게 말하고자 하는 관심사였다.

조건 지어져 존재하는 일체의 사물, 일체의 관념은 모두 항상성 없이 변화한다. 모든 원리와 이치, 진리와 정의, 일체의 법칙과 제도는 절대적 실재가 아니며, 고정 불변의 실체도 없다. 여기에는 예외가 없다. 다만 의식적으로 또는 무의식적으로 생각하고 좋아하고 믿는 한도 내에서 존재하고 작용하는 것일 뿐이다. 그렇게 좋아하고 믿고 생각하는 한에서 존재하는 것이고 진리인 것이다. 그것을 누가 어떻게 하겠는가? 더구나 어차피 견해가 갈라져 시비가 그치지 않을 수 없는 것에 대해서는 그 이상 누가 무엇이라고 할 수 있으며, 달리 어떻게 할 수 있겠는가? 그런 식으로 좋아하고 믿고 생각하는 생명을 존중하면서, 스스로 깨닫고 판단해 나아가도록 도와줄 수밖에 없지 않겠는가? 붓다는 성심성의껏 길을 가르칠 뿐이다. 그리고 위로하고 북돋아주고자 할 뿐이다.

# '있는 그대로'는 있는 그대로가 아니다

●
○

우리는 우리의 삶에 대해 이미 있는 이야기, 기성의 가설이나 선이해들로 생각하고 바라보며 살고 있다. 우리는 수천 년 동안 인생을 덧없고 허망하며 고통스럽고 비참한 것이라고 가르쳐왔다. 언제나 건너고 극복해야 할 곳은 이곳(사바·예토 또는 차안·현세)이고, 도달하고 이루어야 할 곳은 저곳(극락·천국 또는 피안·이상향)이었다. 이 세상에서 상을 얻을 것이 아니라 저 세상에서 영생불멸을 얻어야 할 것으로 가르쳐왔다. 그리하여 있는 그대로의 진실과 사물 자체를 볼 수 있는 능력을 잃어버리고 말았다. 아니 잃어버린 것이 아니라, 인간으로서는 불가능하다는 편견과 피상적 관념의 철학에 압도되어왔다. 소위 경험과 이성의 이름으로 기계론적 세계관과 표층에 불과한 의식의 작용을 지나치게 중시해왔다. 시대적 발상의 한계를 무시하고 불변인 것처럼 여기며 부분적·지역적 사상과 지식을 인류 보편적인 것처럼 합리화했다.

1 • 다시 보는 붓다의 핵심 사유

원래 분리할 수 없는 존재와 의식을 분리해, 존재가 의식을 규정하느니, 의식이 존재를 규정하느니 하면서, 이데올로기적 편향과 목적의식에 따라 우왕좌왕했다. 명제와 반명제 속에도 다른 명제가 있고, 통일된 합명제 속에도 다시 정正·반反이 있음과 동시에 그 바깥에도 정·반이 있을 뿐 아니라, 상호 침투·전화하기도 한다는 사실을 몰랐다. 그리하여 실험과 논증의 세계에 치우쳐 실증 과학 만능의 사상에 기울고 말았다.

모순과 대립의 과정 속에도 끊임없이 조화와 통일의 생명 원리가 작용하고 있다는 사실을 망각하는 인식의 수준을 보여왔다. 그런가 하면, 있는 그대로의 상태 자체를 본질로 상정하여 현상에 대한 이중 환원을 통해 파악한 것이 마치 불변의 진리인 양 집착하는 경향도 나타났다. 그러다 이제는 언어와 방법론, 관점과 패러다임의 해체를 통해 차이에만 매달리는 입장에 이르게 되었다.

인간의 의식 세계와 무의식 세계는 완전히 나누어질 수 없다. 의식의 작용으로 나타나는 이성과 관념과 정신의 세계도 무의식적 충동과 무한한 잠재세계와 연결되어 있다. 그리고 인간의 근원, 생명의 근원은 인간과 생명을 넘어서는 곳까지 닿아 있다. 인간과 자연, 생명과 생명은 외견상 따로따로 떨어져 있으면서도 변화와 관계 속에서는 서로서로 연결되어 있다. 감성과 육체와 에너지의 움직임들도 모두 살아 있는 생명 속에서는 완전히 분리될 수 없는 관계에 있으며, 너와 나 그리고 우리와 모든 생명, 심지어는 자연에 이르기까지 교류와 교감의 운동 속에 있는 것이다. 말하자면, 극미와 극대의 세계는 자유로우면서도 서로 아주 밀접하게

'있는 그대로'는 있는 그대로가 아니다

얽히고설킨 관계와 과정 속에 있다.

사실 일찍부터 고대 성현들과 유수의 사람들은 인간 고유의 무한한 잠재능력을 개발해 존재와 세계의 실상에 접근해 '있는 그대로의 삶의 진실'을 꿰뚫어 보았다. 그중 한 분이 고타마 싯다르타, 즉 붓다였다. 그가 인도 동북부 지방의 베나레스Benares 근처 이시파타나Isipatana(현재의 사르나트Sarnath)에서 출가한 후, 옛 수행 동료였던 다섯 명의 고행자에게 행한 최초의 설법은 현실을 선입관을 통해 보지 말고, 있는 그대로의 현실을 바로 보라는 데서부터 출발한다.

있는 그대로 보라는 것은 신화와 환상에 현혹되거나 유토피아적 꿈속에서만 살거나 온갖 종류의 공포나 죄악감에 눌려 괴로워하지 말라는 것이다. 그것은 또한 사물을 전면적·심층적·실제적으로 보는 것이며, 수단과 방법, 역사와 과정, 당면한 현실과 그 현실에 영향을 끼친 요인과 조건 그리고 현실의 변화 가능성까지 본다는 것을 의미한다. 또한 사물을 통시적·공시적으로, 미시적·거시적으로 보는 것이며, 동시에 위 모든 것의 절충과 중간이라는 차원에도 고정적으로 머물지 않고 보다 높은 차원으로 나아가는 것을 의미한다. 부단히 변화하며 살아 움직이는 유동적인 과정 속에서 구체적으로 전개되는 현실의 상대성을 보는 것이며, 상대적·조건적 현실 속에서 전반적·심층적 관계와 상호 작용을 통해 보편성을 추구하는 것이다. 다시 말해, 어떠한 선입견이나 고정관념, 어느 하나의 관점과 방법에 머물지 않고 개인적 성향이나 사회적 편향을 떠나서, 그 각각의 사물과 그 상호 관계 그리고 모든 것을 포괄한 전반적 양상에 최대한 접근하는 것을 말한다. 그러한 접근을 통해 본 있는 그대로의 사물 자체도 항상 그대로 머물러 있지 않다는 것, 그리하여 있는 그대로도 '있는 그대로가 아닌 것'으로 변화하고 만다는 것, 즉 공한 성질을 갖고 있다는 것을 깨닫는 것을 말한다.


**사람이 표현하는 것 가운데 진리는 없다**


한때 학문적으로 유명한 브라만들이 붓다를 만나서 오랫동안 토론을 한 적이 있었다. 그때 카파티카Kapathika라는 한 총명한 열여섯 살의 브라만이 붓다에게 이렇게 물었다.

"고타마 선생님, 예로부터 끊이지 않고 이어져 내려온 브라만의 고대 성전들이 있습니다. 그 성전들에 관해 브라만들은 다음과 같이 결론을 내리고 있습니다. 즉 '이것만이 진리다. 이 밖의 모든 것은 거짓이다'라고. 여기에 대해서 선생님은 어떻게 생각하십니까?"

그러자 붓다는 되물었다.

"브라만들 가운데 누군가, 이것만이 진리이고 그 밖의 모든 것은 거짓이라는 사실을 몸소 보고 깨우친 사람이 단 한 사람이라도 있는가?"

그 젊은이는 솔직히 없다고 대답했다.

"그러면 브라만의 선생들이나 그러한 성전을 지었다고 하는 사람들 중에서라도 보고 깨우쳤다고 한 사람이 단 한 사람이라도 있는가?"

"없습니다."

"그렇다면 그것은 앞사람에게 묶여 있는 장님들의 줄서기와 같다. 첫 번째 사람이 보지 못하면 두 번째 사람도 보지 못하고 마지막 사람도 보지 못한다. 나에게는 브라만이 처한 상황이 이처럼 장님들의 줄서기와 같다고 여겨진다."

그리고 붓다는 '이것만이 진리이고, 다른 것은 다 거짓이다'라는 식으로 주장하는 것은 지혜로운 태도가 아니라고 충고했다. 그리고 붓다는 다시 이런 말을 남겼다.

"인간은 각자 믿음을 갖고 있다. 어떤 사람이 '이것이 나의 신념이다'라고 말한다면, 그는 그 한도 내에서 진리를 유지한다. 그러나 그렇다고 해서 '나의 이것만이 진리이고 그 밖의 다른 모든 것은 거짓이다'라고 절대적인 결론을 내리는 데까지 나아갈 수는 없다. 인간은 자신이 좋아하거나 이익이 된다고 생각하는 것을 믿는다. 그 한도 내에서 그는 진리를 지지하고 받드는 것이다. 그러나 그의 신념이나 믿음 때문에 그가 믿는 것만이 유일한 진리이고 다른 것은 다 거짓이라고 말해서는 안 된다."

붓다는 이런 말도 했다.

"하나의 사물이나 특정한 관점에 집착해서 그 밖의 다른 것들이나 관점들을 열등하다고 멸시하는 것을 지혜로운 사람은 족쇄(또는 기반羈絆)라고 부른다."

한때 붓다는 제자들에게 원인과 결과에 관한 이치를 설명했다. 이 설명을 듣고 그들은 그 이치를 보았으며 그것을 분명히 이해했다고 했다. 그

때 붓다는 다음과 같은 의미심장한 말을 했다.

"수행자들이여, 그렇게 단순 명백하고 분명한 견해라고 생각하더라도, 너희가 그것을 좋아하고 아끼다가 마침내 그것에 집착하게 된다면, 강을 건너면 놓아버려야 하는 뗏목의 비유를 이해하지 못한 것이다."

이 얼마나 중요하고 함축미 있는 말인가? 자기에게는 너무도 분명한 사실에 대한 집착과 고집 때문에 그것을 이해하지 못하는 사람을 어리석은 자라고 멸시해서는 안 되며, 세상에는 예측하지 못했던 사태가 발생할 수 있는 경우도 있으므로 아무리 옳은 것이라도 절대화해서는 안 된다는 것이다. 비록 어떤 진리일지라도 그것에 집착하고 절대시하면서 거기에 머무른다면, 그는 고정되고 경직된 나머지 변화와 발전을 외면하게 되어 자유와 창의성을 잃게 되는 것이다. 그러므로 붓다의 말씀에, "머무르는 바 없이 마음을 내라"고 하지 않았는가? 일상생활에서도 그러하거늘 삶의 완전한 자유와 궁극적 안심입명에 도달하기 위해서는 더 말할 필요가 없지 않은가? 그렇게 분명하고 명백하게 옳은 이치도 그러한데, 하물며 모호하고 불분명한 이론이나 수많은 사람이 잘못된 일이라고 비판하거나 나무라는 일에 있어서야 더 이상 무슨 설명이 필요하겠는가?

'있는 그대로'는 있는 그대로가 아니다

2
인류세 시대, 불교의 의미

○

# 글로벌 문명시대에
# 탈속과 구도는 가능한가

●

○

불교에 관심을 두고 깨달음과 구원의 문제에 대해 고민해본 사람이면 누구나 과제로 삼고 있는 '탈속과 구도'에 관해 생각해보고자 한다. 이런 문제를 논하기 위해서 먼저 붓다로 불리고 있는 고타마 싯다르타의 시대와 지금 우리가 살고 있는 현대가 어떻게 얼마나 다른지 알아보자. 이는 '시대를 초월해 모든 인간에게 언제나 똑같은 삶과 죽음의 문제가 있는지, 아니면 시대에 따라 삶과 죽음의 문제가 달라지는지'를 묻는 것과 같다. 이런 물음을 학문적 관심사나 완전히 구도의 길에 들어선 수도자의 입장에서 다루지 않고, 지금 여기 현대 한국 사회에서 살아가며 경험하고 의식하며 고민하는 사람들인 불교 사회인들의 입장에서 생각하고자 한다. 여기서 불교 사회인이란 불교적 사유방식과 이치에 관심과 신뢰를 갖고 있으면서 보통의 사회생활을 영위하는 사람들, 즉 재가 불교인들을 말한다.

우리가 생각할 문제는 학문적 관심사로 이를 취급하면 엄청나게 크고 넓은 과제가 될 수 있는 것이기도 하다. 그리고 개념의 철골과 벽돌들로 체계라는 건축물을 지어가는 학문 자체에도 이론화와 규정화에 따르는 결락과 독단의 요소가 존재한다는 문제도 있다. 또한 학문의 세계에 들어가 모색해야 한다는 생각 그 자체가 독단이 될 수 있다.

우리가 단정적 태도를 취하지 않고 우리 자신의 솔직한 고민과 문제의식으로 함께 생각해본다는 데 의미가 있다. 이해를 돕고 핵심으로 바로 다가가기에 이로운 점을 고려해 일부 단상적 표현을 편의상 활용했음을 양해해주기 바란다.


## 지금 세상은 붓다 재세 때와 어떻게 같고 다른가

그때나 지금이나 태어나고 성장하고 늙어가면서 병고에 시달리다가 죽음에 이르는 과정은 같고, 그에 따르는 불안·공포·허무감·두려움 같은 고통도 유사하다. 생로병사로 말미암은 실존적 고민은 거의 비슷하다고 말할 수 있다. 큰 흐름을 보면 지배 계층과 피지배 계층, 유능한 부류와 무능한 부류, 강자와 약자의 이분법적 분절과 갈등과 대립도 계속되고 있다. 습속과 기층 문화로서의 종교 현상에 변화가 있었지만, 제도와 조직으로서의 종교 집단이 여전히 상당한 존재감을 발휘하고 있는 현상도 계속되고 있다.

그런데 차이점이 훨씬 많다. 과거에는 탈출, 도피, 은둔, 절연 등이 가능했다. 현대에는 장기간 도피 같은 것은 불가능하다. 물론 도심 속으로 세속의 한복판으로 들어가 가면을 쓰고 사는 도피성 생활이 불가능한 것은 아닐 것이다. 그러나 진지한 구도자가 한 평생을 그렇게 보내기란 대단히 어렵다.

현대는 기본적·형식적으로는 평등사회다. 일부 경제적 능력과 실질적 권세의 차이로 인한 차별은 여전하나, 원칙적으로는 인간의 존엄성에서는 평등한 것으로 공인된 시대다.

현재 종교 집단의 사회적 책임과 영향력은 과거(특히 중세)에 비해 대폭 축소되었다고 볼 수 있으나, 일부 지역 또는 컬트 등 일부 분야에서는 오히려 강화되고 있기도 하다. 세속화·상업화가 심화됨에 따라 영적 지도력(종교적 감화력, 영험력, 법력) 등도 전반적으로 약화되었다. 그리고 그 공백을 과학과 예술이 채우고 있다. 과학과 예술의 계도력과 영향력이 날이 갈수록 매우 커지고 있다.

교통·통신 등 기술의 발달로 글로벌화가 확대일로에 있다. 지금은 지구촌 시대, 야생의 세계조차 그대로 내버려두지 않는 글로벌 문명화의 시대다. 현대는 아프리카와 중앙아시아의 오지나 남북의 극지까지도 문명화와 도시화가 진행되고 심화되어 문명의 외부가 거의 소멸되어가고 있다고 해도 과언이 아니다.

지구적인 규모와 범위에서 자연 환경의 파괴와 악화가 가속도를 내고 있다. 지구 성층권은 물론이고 태양계 등의 우주에까지 개발이 진행 중이고, 우주 공간에서의 교통·통신의 무질서와 쓰레기 문제도 발생하고 있는 상황이다.

인간 생활 거의 모든 면에 걸쳐 전반적인 시장화와 극단적인 상업화가 이루어지고 있다. 공간적으로는 지구촌적 범위를 넘어서고, 시간적으로는 무한궤도를 질주하며, 내용적으로는 거의 모든 가치가 시장가치 일변도로 편중·편입되고 있다. 따라서 세간과 출세간의 구분이 의미 없는 시대가 되어가고 있다.

## 보통 사람의 종교적 구도 이전의 문제

흔히 불교에서 범부라고 부르는 보통 인간이 종교적인 구도를 생각하고 고민하기 이전에, 그들의 생활에 이미 심각한 문제가 많이 일어나고 있음을 알아차려야 한다.

먼저 그들은 무한 경쟁 시대의 양극화 확대와 심화 일로에 직면해 있다. 가진 자와 못 가진 자가 양극화로 치닫고 있는 것이다. 재력과 정보력, 제도의 활용 능력 면에서 보유자와 비보유자 간의 양극화 사태는 비보유 다수를 한계 상황으로 내몰고, 상시 피로와 불안, 우울 증세에 시달리는 상태에 처하게 만든다.

생명체의 건강한 삶의 기본 요소인 물과 공기, 흙 등의 오염으로 지구 환경은 악화되었고, 그로 인해 인류를 비롯해 모든 생물종이 위험에 처하게 되었다. 생태와 환경의 악화는 신종 슈퍼박테리아, 바이러스 등의 발생으로 이어질 가능성이 높아지고 있으며, 그로 인해 미처 예상치 않은 사태가 발발할 우려마저 커지고 있다.

핵 기술뿐만 아니라 IT 기술을 응용한 대규모 살상무기의 개발과 확산으로 테러와 전쟁의 돌발 가능성은 더 높아지고 만연해졌다. 그로 인한 불안과 공포는 일상화되고 만성화되어 가고 있으며 심지어 고질적인 정신적 질환으로 심화되어 가고 있다. 진정한 자유와 편안함은 실종된 지이미 오래다.

정보와 지식, 제도와 조직을 장악한 부류들 사이에도 서로 몰이해와 모략, 질시와 배척, 경쟁과 대결이 난무하며 상황은 더욱 복잡하게 꼬여가고 있다. 이 와중에 반목하고 대립하던 그들이 언론 미디어의 가세를 받으며 담합이나 야합 같은 일들을 벌이곤 해, 대중은 혼란에 빠지고 이용당하며 이리저리 몰리는 신세가 되었다.

표면적으로는 대중민주주의의 확대로 대중의 정치적 영향력이 대폭 증가되고 있는 것 같으나, 사태에 대한 종합적인 인식 능력과 판단 능력, 대처 능력과 해결 능력은 더욱 미약해졌다. 말하자면, 문제의 양과 질, 성격, 비중 등이 급격하게 변화하고 심화되고 있는데, 대중은 제대로 대처하기 어려운 것이다.

정치권이 조정 능력은 상실한 채 권력 싸움으로만 치닫는 현실과 더욱 높아지는 탈정치적인 문제 해결의 필요성 사이의 간격이 계속 벌어져 가는 현상은 심화되고 있다. 이는 결국 국민의 자가당착과 자업자득의 결과로 이어지고 만다.

위와 같은 사태와 모순은 보통의 인간에게 상황 판단이나 예측을 할 수 없게 하여 미래 설계나 활로 타개를 어렵게 만든다. 그리하여 보통 인간의 삶의 희망은 줄어들고 절망감은 늘어나 자기분열을 낳고 있다. 즉 무의식적 지향성과 의식적 지향성의 분열 현상이 일반화되어가고 있는 것이다. 다시 말하면, 잠재적·무의식적인 차원에서는 더욱 세속적으로 되어가고 욕망과 충동에 의해 요동치면서도, 이성과 의식적 차원에서는 당장의 먹고사는 문제나 체면 유지에 매여 분망하면서도, 동시에 도피, 탈주, 은둔을 추구하는 분열 현상을 보인다. 이는 겉으로 구도를 지향하는 것으로 보여도, 내면적으로는 그 반대로 흐르거나 권태와 절망으로 떨어지고 있다는 의미다. 즉 외양으로는 구도의 길이지만, 그 길을 생활의 편의적 도구나 수단으로 삼는 것이다. 이는 갖가지 내면적인 혼란과 갈등을 일으키고, 결국 자기기만으로 이어지는데, 그로 인해 내적 황폐화는 계속해서 진행된다.

## 구도의 길을 가고자 하는 이에게 활로는 있는가

세속의 생활 속에서 번민과 고뇌로 잠 못 이루는 밤을 수없이 보내다가 진정한 인생의 의미와 존재의 실상을 탐구하기 위해 발심의 계기를 맞이한 청년이 있다고 치자. 그런 진정한 구도의 초발심자初發心者는 과연 어디로 갈 수 있는가?

이미 세간을 벗어난 출세간은 없는 시대가 되어버렸다. 현대 세계는 세상 끝까지 세속이다. 그리하여 피난처나 은둔처는 있을 수 없고, 잠깐 쉴 곳처럼 보여도 얼마 안 가 곧 머물 곳이 아니란 것을 알게 된다.

발심 이전에 성현의 가르침과 동·서 철학사상, 세속적 삶에 대한 고민과 사색을 통해 이미 사회생활과 일상적 삶의 의미를 발견할 수 없음을 알았을 것이다. 결국 현대 글로벌 문명화 상황에서 몸은 세간을 벗어날 수 없고, 현대적 맥락에 부응해 비전과 활로를 제시하는 가르침도 발견하기 어려우며, 마음마저 비비고 기댈 언덕도 없다는 현실에 당도한다.

그렇다면 세간에 있을 수밖에 없는 상황에서 어떻게 마음을 내며 살아갈 수 있을까? 세속에 몸을 두고서, 마음만이라도 진정 구도의 길, 대승보살의 길을 갈 수 있을까? 어느 한 길도 활기차게 나갈 기운이 감도는 곳은 없는 것 같다. 때로는 좌표와 항로를 정하기 어려운 포지셔닝 트랩positioning trap이나 딜레마에 빠져 고민과 체념, 안주와 답보 상태에 머무르게 된다. 표방은 대승을 내걸었으나, 내면은 개인적·소아적 생활의 안주로 귀결되어 분망한 일상의 일이나 업무에 매몰되어 있는 경우가 허다하다. 구도자가 일종의 포지셔닝 트랩에 빠져 있다면 어떻게 활로를 열 수 있을까?

활로라고 하기에는 미흡하다고 할지라도 몇 가지 선택지가 있을 수 있다. 먼저 소속 집단이나 동료 구성원의 문제에 대해 짐짓 외면하며 방관자의 괴로움을 속으로 삭이면서 자기 길만 가는 방식이 하나 있을 수 있다. 하지만 이는 마음먹은 만큼 잘 되지 않을 것이고 자기기만 속에 살아갈 가능성이 크다.

제도 속에서 개혁을 모색해볼 수 있지만, 녹록하지 않은 현실의 높은 벽 앞에서 주저앉게 될 것이다. '다 같이 재출발하는 자세로 새롭게 거듭날 수는 없을까' 생각해볼 수도 있지만, 역시 관념 차원에 불과할 뿐이다. 대만이나 일본의 사례를 참고삼아, 시절·인연에 맞게 제도를 현실화하고 다양화한다는 입장에서 사회 봉사나 사회 복지 등 몇 가지 부문에서 전환을 시도해볼 수도 있지만, 이 또한 구도의 길하고는 역시 거리가 멀어 보인다.

'학문의 길로 구도를 모색해볼 수도 있겠지만, 본시 불교의 구도라는 것이 학문의 세계를 벗어나는 데서 출발한 것이라는 사실을 상기해 볼 때, 이 역시 회의적이다. 변화·발전하는 현상을 동일성이나 유사성 또는 공통성을 중심으로 추상화하고 개념화하며 이름을 붙이는 작업을 진행하다 보면, 어느새 인위적이고 조작된 유상의 사물과 틀이 되고 만다. 이렇게 틀에 갇히고 특정 사물로 변하게 되면, 그 자체가 자기 존재의 소유권을 주장하는 데까지 이르고 자기목적화될 것이다. 달리 말하면, 점점 무상·무아와는 멀어지고 갈라져서, 마침내 학문적 이론 자체의 고집과 도그마로 굳어져 기성 질서의 하나로 변질될 것이다. 거기에 완벽한 체계를 세웠다거나 하나의 학파까지 이루는 단계가 되면 '하나의 해결책이 또 하나의 문제'를 만드는 카르마가 되는 것은 시간 문제다.

불립문자不立文字 언어도단言語道斷의 무주상無住相 세계에서는 의식과 인식의 이해나 알음알이로써는 도저히 도달할 수 없는 의식 아래 또는 의식 너머의 세계를 표상과 개념으로 온전히 담아낼 수 없다. 그런 관점에서 보면 불교는 과학도 철학도 아니다. 발심 이전의 단계에서라면 몰라도 구도의 길에서는 머무를 수 없는 지점이다. 학문이 필요 없다는 것이 아니다. 절대지를 주장하거나 '진리는 전체'라고 규정하거나 '진리에 대한 최고의 접근법은 학문적 방법'이라고 단정할 수도 없다는 것이다. 불교는 전체도 진리도 두지 않는다. 《금강경》에서는 "법도 진리도 뗏목에 불과하다" "법도 버리려거든 하물며 비법일까 보냐" "불법佛法도 불법이 아니요, 이름이 불법일 따름이다"라고 했다.

## 구도자의 길을 위하여

이런 흐름과 상황 속에서도 극소수의 진정한 구도자는 있을 것이다. 그들이 갈 길은 험난하나, 자연적 자유와 해방으로 향한 발걸음이 불가능한 것은 아니다. 그것은 《금강경》의 "어디에 머무르는 바 없이 그 마음을 내라"는 가르침대로 일체의 제도와 조직과 지위 유무에 집착하지 않고 공양의 유무와 상관없이, 먹고 자고 입을 것 없으면 그 자리에서 그대로 죽을 각오로, '노동과 생활과 구도의 구분 없는 길'을 갈 수 있는 데까지는 가겠다는 자세로 늘 다시 떠나 줄기차게 가는 것이다! 진정한 구도자라면 구도에 대한 그 정도의 의지와 각오는 있을 것이다.

구도에 대한 의지나 마음이 출가 후에 번뇌에 빠져 환속을 심각하게 고민할 정도라면, 출가해서는 안 될 형편이었는지도 모른다. 〈사운드 오브

뮤직〉의 마리아는 가정교사를 하기 위해 수녀원에서 나왔다가 이성에게 사랑을 느끼는데, 사랑을 하려면 출가하기 전에 했어야지 왜 수녀가 되어서야 사랑에 빠지는가? 인간인지라 자기도 그렇게 될 줄 몰랐을 것이다. 그건 금욕의 문제를 떠나서 사색과 고민이 부족했던 것이었음을 입증한 것이다. 수녀원장은 처음부터 마리아를 말렸어야 했다. "마리아는 이곳에 올 필요가 없다. 정이 많고 사랑이 많은 사람은 바깥에서도 할 일이 많다. 그런 감성을 이웃과 사회를 위해 발휘해야지, 이곳에 들어와 겨울나무처럼 싸늘하게 살 필요는 없다"고 말해줬어야 했다.

물론 단기 출가 과정 같은 프로그램은 필요하다. 그런 프로그램에 참가해서 아주 딱딱한 생활을 해보는 거다. 정해진 규칙에 따라 묵언도 해보고 공양주나 불목하니가 되어 험한 일도 해보는 거다. 그 과정에서 보람을 느끼고 삶의 가치를 느낀다면 조금 더 머물러도 된다. 종교적 수행이란 천국을 보는 게 아니다. 종교적 수행 과정은 일종의 암흑이다. 어두운 앞날이 쉽게 장밋빛으로 변하는 게 아니다. 칠흑 같은 어둠이 1년 만에 끝나는 것도 아니다. 죽을 때까지 그 어둠이 계속되다가 마지막 죽기 직전 한 줄기 빛을 볼까 말까 하는 과정인 것이다. 그렇게 엄혹한 길이다. 그게 스님이나 신부가 가야 할 길이다. 신도나 남으로부터 존경받고 명예롭게 살기를 바라는 잠재적·무의식적 소망이 있다면, 그건 출세간이 아니라 출세주의를 지향하는 것이다. 출세간의 길은 중생의 종복이자 봉사자의 길이다. 세속의 모든 것을 무의미하다고 판단해 스스로 떨쳐버린 뒤에 보다 숭고한 가치를 위해, 아니 일체의 가치 자체를 포기할 각오로 남은 삶을 바치고자 하는 길이다.

출리심出離心이란 모든 세속의 가치, 욕심을 떠나는 것이다. 그러면서 자기를 사랑하는 마음이 조금도 없어야 한다. 자기가 없어졌기 때문이다. '나는 모든 중생을 위해서 존재한다. 나를 써먹으려면 그렇게 하라, 죽이려면 죽여라.' 그런 정도의 각오가 출리심이고 출가다. 붓다 스스로는 그렇게 살았다. 조국도, 자식도, 부모도 자신에겐 의미가 없다고 보아서 그로부터 벗어난 사람이다. 그런데 붓다는 모든 사람이 그처럼 철저할 수 없다는 걸 알았다. 그래서 모든 사람에게 출가하라고 강요하지 않았다. 그렇게 살지 않으면 지옥으로 떨어진다고 말한 적도 없다. 단지 자기가 어떻게 출가했는지, 어떻게 수행했는지 이야기해줬을 뿐이다. "너희가 옳다고 생각하고 다른 이들에게 이롭다고 생각되는 일이라면 행하라"고 했을 뿐이다. 그리고 무아無我를 말할 때도 '완전한 자유를 얻으려면 무아가 되어야 한다'는 것이지, 무아가 되지 않으면 지옥 간다'는 식은 아니었다.

에마뉘엘 레비나스Emmanuel Levinas는 일반적으로 구원받을 수 있다고 알려진 몇 가지 길, 즉 자손, 이념에 대한 헌신, 신앙 등을 조목조목 비판했다. 보통 구원에 이르는 길이라고 하는 것들을 실제로 따져 보면, 결국은 환상이라는 것이다. 그러면서 구원에 이르는 길이 있다면 단 하나, '타자의 고통받는 얼굴을 떠올리며 그 고통 해소를 위해 의식하지 않고 조그만 일이라도 하고 죽는 것'이라 했다.

'불교라고 정한 불교는 없다'는 게 붓다의 기본 사상이다. 《금강경》에서 붓다가 "내가 뭐라고 말했느냐?"라고 묻자 수보리가 "여래여, 한 법도

설한 것이 없습니다"라고 말하는 대목이 나온다. 이름을 붙이자니 불교라고 명명한 거지, 모두 뗏목에 불과하다. 그것마저 버리라는 게 《금강경》의 핵심이다. 붓다는 심지어 교단을 이끌지 않아도 좋다고까지 말했던 사람이다. 진실한 이야기를 할수록 불교의 품이 더 넉넉하게 느껴진다.

## 보통 사람의 길을 위하여

모든 존재는 역동적인 연기법으로 연관되어 있다. 다만 그 연결은 고정되어 있지 않고 on/ off식의 스위치로 연결되어 있다. 그리고 그 on/ off가 우리의 '지금 여기'에 달려 있다. 이러한 인식과 믿음이 '범부의 패러다임'이라고 볼 수 있다. 일부 견해에 의하면, 범부는 깨달음을 통한 구원이 사실상 불가능하기 때문에 깨달음의 길이 아닌 방법에서 찾아내라고 한다. 그러나 이런 생각도 이분법적 독단이다. 사람은 고정 불변의 존재가 아니다. 사람에 따라서, 노력 여하에 따라서 자유와 유대 속에서 변화·발전할 수 있는 여지가 있다. 때로는 우회로를 거쳐 가는 행로가 현명한 선택이었음을 알게 되는 경우도 많다.

그럼 우리의 '지금 여기'에서 구원의 길은 어디로 향해야 할까? 자손의 번성, 탈속, 절대자에의 귀의, 이 모든 것은 구원의 길이 아니다. 연기적 연결과 공감의 삶에서 바라보는 한 길이 '다른 생명의 얼굴'을 향해 나 있다. 레비나스는 《윤리와 무한Ethique et Infini》에서 그것을 "타인의 고통받는

117

얼굴을 향한 무한 윤리"라고 했다.

그것은 공동체 이념과는 다르다. 정의를 외치며 심판하는 이념 세계가 아니다. 셰익스피어William Shakespeare가 〈베니스의 상인The Merchant of Venice〉에서 말한 것처럼, "정의는 자비와 연결될 때에만 구원의 길로 통한다." 그것은 추상적인 주의·주장을 위한 것이 아니다. 보편적인 연결과 공감의 자각 속에서 어떤 생명체, 어떤 사람을 향한 구체적인 친절과 사랑의 행위다. 그것은 돈으로 살 수 없는 것이다. 생텍쥐페리Antoine de Saint-Exupéry는 《인간의 대지Terre des Hommes》에서 성직에 발을 들여놓지 않고도 가능한 범부 패러다임을 일러주고 있다.

"비행하는 저 밤과 무수한 별, 몇 시간 동안의 담담한 심정, 이런 것은 돈으로 살 수 없는 것이다. 어려웠던 하룻길 뒤에, 세상의 새로운 모습, 새벽녘에 우리에게 다시 주어진 생명에 의해 생생한 색채를 띠게 된 저 나무들, 저 꽃들, 저 여인들, 저 미소들, 우리에게 노고의 보답으로 주어진 작은 것들의 합주合奏, 이런 것은 돈으로 사지 못하는 것이다."

"우리는 같은 지구를 타고 같은 배의 선원으로 연대의 책임이 있는 자들이다. (…) 우리가 구원되기 위해서는 우리를 서로서로 연결하는 어떤 일, 어떤 목적을 자각하도록 서로 도와주면 되는 것이다." *

* 생텍쥐페리, 《인간의 대지》, 동서세계문학전집 제25권, 1987, 269쪽 및 334~335쪽.

# 개방성과 상호 존중에 바탕을 둔
# 독립과 유대의 길

●
○

## 자기책임과 자력에 의한 삶의 개척

붓다는 수행자들에게 자신의 스승이라 할지라도 그 스승을 살펴야 한다고, 여래라고 하는 붓다라 할지라도 면밀히 살펴야 한다고 충고했다. 그렇게 함으로써 수행자는 자기가 따르는 스승의 진정한 가치를 확신하게 되며, 그렇게 될 때에야 새로운 시대 상황과 진전된 여건하에서 새로운 창조적 정신을 발휘하게 될 것이라고 했다.

그는 단지 권위나 인습에 흔들리지 말고 세상의 평판이나 뜬소문으로 평가하거나 판단하지 말라고 했다. 또한 남의 논리나 추측, 언어와 형상으로 구성된 문헌과 기록, 즉 어떠한 텍스트에도 무조건 이끌리지 말고 스스로 옳고 그른 것을 확실히 알 수 있을 때까지 자각과 확신을 위한 노력을 게을리하지 말라고 했다. 그럴듯한 이야기나 외관, 얼마간의 즐거움

에 쉽게 흔들려 판단을 그르치고 마는 현실을 꿰뚫어 보고 진실의 정시正
視, 사실의 확인, 그리고 참다운 자각과 확신에 이르기까지 그 어떠한 권
위도 인정하지 않을 것을 강조한 것이다. 옳은 것이든 그른 것이든 스스
로 보고 알아나갈 것, 스스로의 체험, 스스로의 힘으로 깨닫고 실천하는
것이 그의 사상의 첫 출발점이자, 기본 정신이요 핵심이다. 그것은 단순
한 이성에 의한 실증만을 주장한 것이 아니라, 논리와 추정에만 좌우되지
않는, 실천과 실증을 통한 지식과 판단과 자각을 중시한 것이다.

　붓다의 사상 자체에 대해서도 무조건 이끌리지 말도록 당부했다. 그는
남의 말이나 견해를 무조건 부정하지 않았으며, 자기 말이 진리요 길이라
고도 하지 않았다. 그는 스스로에 대해 '진리를 깨달은 자(붓다)'라고 말한
적이 없었다. 깨달았다고 하는 사람에 대한 소문과 평판, 외관과 권위에
이끌려, 주도면밀하게 살피고 검토하지 않은 채로 믿고 따르는 것은 매우
위험한 일이고 옳지 못한 길이라고 강조했다. 스스로 원하지 않았던 결과
가 나타날 수도 있고, 스스로 감당할 수 없는 것이 주어져 쩔쩔매거나 곤
욕을 당하는 경우도 생기기 때문이다. 설사 얼마간의 성취감과 위안과 즐
거움을 맛본다 할지라도, 그것이 깨달은 이의 본의와는 거리가 멀고 다른
종교적 환상과 사변철학적 즐거움에 빠진 결과일 수도 있기 때문이다. 그
뿐만 아니라 경우에 따라서는 남을 의식한 은폐와 왜곡이 있을 수도 있
고, 심지어 자기를 기만하면서도 스스로 자기기만의 사실조차도 외면하
는 지경에까지 이를 수도 있기 때문이다. 그럴 때 사람들은 뜻하지 않았
던 난관에 부딪혀 좌절을 경험하게 되고 후회와 차탄과 원망의 감정에도

빠지게 된다.

그리하여 아무리 고귀하고 성스럽고 아름다운 이치라 할지라도 절대로 남이 강요할 수 없고, 남이 대신 실천하거나 살아줄 수 없다고 강조한 것이다. 각자의 자력에 의해 인식하고 판단해 실천해야 한다는 것, 결국 각자의 삶, 각자의 길을 존중해야 한다는 것이다.


## 관용과 포용의 정신

한때 나란다Nalanda라고 하는 곳에 우팔리Upali라고 불리는 이름난 재산가가 있었다. 그는 자이나교의 교주 니간타 나타풋타Nigantha Nataputta의 신도였다. 그가 고타마 싯다르타를 찾아왔다. 나타풋타는 평소 싯다르타가 카르마에 관해 자기와 견해가 다르다고 들었다. 그래서 자기를 따르는 우팔리로 하여금 싯다르타를 만나 논박하고 오라고 보냈던 것이다. 그런데 우팔리가 싯다르타와 토론을 벌이고 난 결과, 싯다르타의 견해가 오히려 옳고 자기 스승의 견해가 틀린 것을 알았다. 그리하여 우팔리는 그 자리에서 싯다르타를 따르는 사람이 되겠다고 자청했다. 그러나 싯다르타는 그에게 다시 고려해볼 것과 서두르지 말고 신중하게 생각할 것을 권했다. 그래도 우팔리가 그의 희망을 꺾지 않자, 싯다르타는 우팔리로 하여금 이전처럼 그의 옛 스승을 계속해서 존경하고 지지할 것을 당부했다.

이러한 붓다의 상호 존중에 바탕을 둔 관용과 포용의 정신은 고대 인도

제국의 황제 아소카Asoka가 내린 칙령에서도 발견할 수 있다. 바위에 새겨진 그의 칙령에서 황제는 이렇게 선언하고 있다.

"누구든지 자기 종교만 존중하고 남의 종교는 비난하는 짓을 해서는 안 된다. 여러 가지 이유로 남의 종교를 존중해야 한다. 그렇게 함으로써 사람은 자기 종교도 뻗어나갈 수 있도록 도울 수 있으며, 남의 종교 역시 도울 수 있는 것이다. 그렇지 않을 경우, 사람들은 자기 종교의 무덤을 파는 것이 되고, 남의 종교에도 해를 끼치게 된다. 자기 종교만을 존중하고 남의 종교를 비난하는 자는 '나는 내 종교를 영광되게 할 것'이라고 생각하면서 자신의 종교에 헌신한다고 여길 것이다. 그러나 실은 그와는 반대로, 그런 사람은 자기 종교를 더욱 심각하게 해치는 자이다. 그러므로 서로 존중하고 화평한 것이 좋은 것이다. 다시 말하면, 모두로 하여금 귀를 기울이도록 하자. 다른 사람들이 말하는 다른 이치에도 기꺼이 귀를 기울이도록 하자."

이것이 기원전 3세기 고대 황제의 칙령이다. 절대군주의 시대에, 그것도 절대자인 신의 권위에 한 점의 손상이라도 끼칠까 비전秘傳의 권위로 종교적 울타리를 겹겹이 둘러치던 고대 신화의 시대에, 이러한 상호 존중에 바탕을 둔 관용과 포용의 정신이 현실로 실재했다는 것은 놀라운 사실이 아닐 수 없다.

사상과 양심의 자유, 전인적 실천과 실증을 통한 사물의 인식과 판단, 자유와 창의에 바탕을 둔 자기책임과 자기설계하의 삶의 자세, 여기에 덧

붙여 상호 존중에 바탕을 둔 관용과 포용의 정신을 일찍이 붓다는 설파했던 것이다. 그의 이러한 정신과 사상이 그 후 제대로 인식되지 못하고 충분히 발전되지 못했던 것은 실로 안타깝고도 애석한 일이다.

이제 십자군의 성전도 정의의 전쟁도 그 정당성을 인정받는 시대는 이미 흘러가버렸고, 칼로써 믿음을 강요할 수도 없는 시대 상황에서 모든 종교는 상호 공존할 수밖에 없다. 이러한 현실을 직시할 때, 붓다의 관용과 포용의 정신이 평화가 공존하는 세계의 초석이 될 수밖에 없는 것이다.

대부분의 국가의 경우, 종파적 견해와 진영 논리의 차이가 초래하는 분열과 갈등의 문제가 상존하고 있으며, 그중 일부에서는 배타적이고 독선적인 교조주의와 단정주의로 인해 상호 전투적인 양상을 보이고 있음을 볼 때, 위와 같은 상호 존중에 바탕을 둔 관용과 포용의 정신은 현재 우리가 처한 시대 상황이 가장 절실히 필요로 하는 위대한 문화유산이라고 할 수 있다.

인류를 위해 존재하는 종교와 사상이 인간의 양심과 사상에 대한 정복으로 목적이 변질될 때, 그 본말전도本末顚倒의 해악은 이루 말할 수 없다. 이념 전파와 달성이라는 미명하에 조직화되고 제도화된 종교적·정치적 이데올로기가 인간과 그 인간의 사상까지 수단시하고, 마침내는 정복하고야 말겠다는 생각에까지 이르게 된다면, 그것이야말로 도착이고 광기다. 그러한 도착과 광기는 자신뿐 아니라 다른 존재의 존엄과 가치까지도 함께 파괴하고 멸망시키는 사탄과 마라의 광란일 뿐이다. 소유욕과 정복욕에 눈이 어두워 자기의 야욕을 달콤한 사랑이란 이름의 가면 속에 감춘 채 교언영색巧言令色과 감언이설甘言利說로 접근하는 색마의 모습과 별반 다를 바 없다. 오늘의 세계 도처의 진흙 싸움 속에서 잔잔한 미소처럼 조용히 피어오르는 한 줄기 수련, 그것이 바로 붓다의 겸허한 마음이다.

# 출발 지점의 자각과
# 도달 지점의 자각

●
○

무지와 몽매와 혼돈에서 바로 무심無心과 무아無我의 깨달음으로 나아가기는 어렵다. 그 과정에는 유심有心과 개아個我의 자각을 거쳐야 한다. 자각을 통한 개인적 자아의 발견과 확립을 이루지 않고서 무심과 무아로 곧바로 나아간다고 함은 자기기만이나 허위가 되기 쉽다.

무심 이전에 제대로 유심을 알아야 하고, 무아 이전에 제대로 개아가 서야 한다. 사물을 유심히 관찰하고 주도면밀한 분석과 종합적 판단을 제대로 하지 못하는 자가 무심을 논함은 무심이 아니라 혼몽과 황당무계를 논함이다. 개인적인 독립과 자존의 가치도 모르고 자신감도 갖지 못하는 자가 무아를 논함은 무능과 무기력을 말하는 것이다. 자기초월은커녕 자기함몰이며 타자他者, 즉 다른 존재에의 종속 내지는 노예로 전락함을 의미한다. 그러므로 생명은 우선 개체 차원에서 자유롭고 자율적인 자각 과정을 확실히 거쳐야 한다.

자각은 어디서 어떻게 오는가? 그것은 우선 자유로운 분위기와 자율적인 상황과 풍부한 감수성과 냉철한 이성 그리고 깊은 통찰력이 필요하다. 그리고 이를 바탕으로 직접 또는 간접의 여러 경험을 하고, 이를 통해 수많은 정보를 수집하고 받아들여야 한다. 그리하여 다른 존재와의 관계 속에서 공감대를 넓히고 역지사지易地思之의 노력도 해보는 동안 자기의식은 확립되고 이성적인 사리분별력은 증장增長되어간다. 세상 돌아가는 이치도 미루어 짐작해 알 수 있게 되고 개아와 타아他我, 개체와 전체, 민족과 인류, 나아가서는 모든 생명계와 우주 삼라만상과의 관계를 깊이 인식하게 된다.

그렇게 된 연후에야 소아小我를 넘어서서 대아大我를 찾게 되고, 동시에 개체를 넘어 전체도 염두에 두게 된다. 그러나 대아나 전체 또한 고정 불변으로 존재하는 것은 아니다. 무심과 무아는 여기에서 비로소 화두話頭로 등장한다.

사량분별思量分別을 떠나야 깨달음에 이른다고 해서 처음부터 사량분별을 도외시한다면, 몽매와 혼돈의 미로로 빠지는 결과가 될지도 모른다. 소아를 탈피해야 우주와 자연 또는 도道와 합일하는 길에 들어서게 된다고 해서 처음부터 개체와 개인, 개아를 무시한다면, 전체주의와 획일주의 또는 유일주의에 빠질 수도 있다. 그러한 주의와 사상들은 결국 큰 것과 강한 것이 작은 것과 약한 것을 내리누르고, 다수가 소수를 무시하며, 하나가 모두를 지배하는 전횡과 독선에 맞닿아 있다. 그러므로 깨달음과 전체를 말하기 전에 이성적 분별력과 개인적 자각을 말해야 한다.

먼저 개인으로서 인간의 존엄성을 굳건히 세우고 자각을 통해 이성적 분별력을 충분히 갖추어야 한다. 자신을 얻고 자각을 이루어 성숙된 생명체로서 확실히 서야 한다. 개인으로서의 존엄과 자신감 그리고 반성 능력과 판단 능력이 충분히 발달된 자각의 단계에 도달할 때, 비로소 사람은 사람으로서의 첫발을 내딛는 것이다. 이것이 깨달음으로 가는 본격적인 길의 출발 지점이다.

그런데 많은 사람이 이 출발 지점을 도달 지점으로 착각하고 있다. 인간 완성의 단계로 오인해 안주하고자 한다. 개인적 자아의 확립 단계는 인간 완성의 종착점이 아니다. 그것은 한 생명이 조금씩 성장해 비로소 제 발로 제대로 걸을 수 있는 단계에 도달한 것에 불과하다. 길은 이제부터다. 그 이전은 준비 기간이었다. 출가도 그야말로 출발 지점이다.

지금까지는 개인은 개인이었고 인간은 인간이었다. 그러나 지금부터는 개인은 개인이 아니고, 인간은 인간이기만 한 것이 아니다. 나의 개인 못지않게 너와 그들의 개인, 우리의 개인을 확립해야 하는 것이다. 인간의 개인 못지않게 다른 생명체들의 개체, 그들의 생명을 최대한으로 존중하고 살려주어야 하는 것이다. 그것이 인간의 의미다. 생명을 살리도록 운명 지어져 있는, 삶을 사랑하며 살아야 하는 '사람'의 뜻인 것이다.

엄밀하고 철저한 표현을 사용하자면, 인간 완성은 그 모든 개인과 그 모든 생명체가 스스로 존엄한 생명임을 깨달을 때까지 끊임없이 이 길을 밀고 나아가는 것, 게으르지 않고 방일하지 않고 스스로 정진에 정진을 거듭하는 것을 의미한다고 할 것이다. 어쩌면 영원의 상相 아래에서 사는 삶일지도 모르는 길이 인간의 길이라고 할 수 있다. 어쩌면 출발 지점은 있으나 도달 지점은 없는 것이 인간의 길인지도 모른다. 그만큼 인간의 의미는 그 폭과 깊이와 길이가 무한대라는 사실의 자각, 그것이 중요하다.

그렇기 때문에 또 다른 관점에서 보면, 인간의 길이 이러하다는 사실을 자각하고 그 길을 성실히 가겠다는 각오가 확실히 선 사람은 이미 도달 지점에 가까이 와 있다는 의미도 될 것이다. '처음 발심이 곧 올바른 깨달음〔초발심시 변정각初發心是 便正覺〕'이란 말이 이런 의미일 것이다. '완성하려고 애쓰는 것은 사람의 길이요, 완성 그 자체는 하늘의 도〔성지자 인지도 성자 천지도誠之者 人之道 誠者 天之道〕'라는 말이 있듯이, 그러한 사람의 마음과 자세에는 이미 그 모든 것을 포용하고 넘어서고자 하는 무심과 무아의 경지가 내다보이기 때문이다. 큰 바위 얼굴을 닮은 사람을 열심히 기다리는 간절한 마음, 그리고 스스로는 완성을 이룰 수 없을지 모른다고 생각하면서도 모두의 완성을 위해 크게 버리고 내던지는 마음, 그리고 자신은 결코 완전한 도달 지점에 이른 사람이라고 단 한 번도 생각한 적이 없는 겸허한 마음을 지닌 사람은 천지가 이루는 것이지 그가 이루는 것은 아니다. 그러므로 우리는 우리가 할 수 있는 것부터 하고, 우리가 이룰 수 있는 것은 이루어야 한다. 그리하여 우리는 그 출발 지점을 분명히 하고 그 이전의 준비를 제대로 점검해보는 것이 절실히 필요하다.

인간으로서의 개인이 생명을 유지하고 인간답게 살면서 개체로서의 뭇 생명을 가능한 한 최대한으로 존중하는 단계에 도달한다는 것은 불안과 허무를 극복하고 생의 진면목과 의의를 발견하기 위한 필수 불가결한 출발 지점의 기본 조건이다. 그러므로 예로부터 모든 성현이 사람뿐만 아니라 말 못 하는 짐승이나 미물에 이르기까지 모든 생명 하나하나를 아끼고 존중하라고 가르친 것이다.

그리고 좋은 일, 옳은 일이라 하더라도 절대로 강요하거나 억지로 주입하지 않고, 비록 방편으로라도 거짓은 행하지 않으며, 각자 스스로 이해하고 깨닫고 자발적으로 행하는 것 또한 중요하다. 어떠한 종교나 철학이 살아 있는 생명의 존엄성과 독립 자존의 기질을 조금이라도 강압적으로 제약하는 일이 있다면, 아무리 신의 이름으로 말하고 율법과 법칙과 논리로 설명한다 한들, 결국 그것은 그것을 주장하는 인간들의 이익을 위한 것이다. 그것은 전체주의의 또 다른 이름에 불과하다.

전체를 말하기 전에 먼저 개체를 살려라. 개체를 살리는 가운데 개체와 개체의 관계를 말하라. 그리고 개체와 자연, 개체와 우주의 관계를 의식하고, 다시 그것을 넘어서는 곳에 전체의 지평이 펼쳐져 있음을 보라. 그리하여 그 광활한 지평 위에 서면 전체 또한 개체를 떠난 별개의 것이 아님을 보게 되리라. 그것은 전체도 곧 전체가 아님을 말하는 것으로 전체에도 얽매이지 않게 되는 일이다.

생명은 생명으로서 먼저 서야 하고, 개인은 개인으로서 먼저 서야 하며, 한 집안은 한 집안으로서 먼저 서야 한다. 그와 마찬가지로 한민족도 한민족으로서 뿌리를 굳건히 하고 전통 위에서 정신문화의 꽃을 활짝 피우고 그 열매를 이웃 국가와 인류 사회에 나누어주는 역할을 해내야 한

출발 지점의 자각과 도달 지점의 자각

다. 전통과 습속을 가벼이 여기고 문화와 뿌리를 돌보지 않으면, 그 속의 개인 또한 제대로 서지 못한다. 그렇게 되면 대아를 향한 노력도 제대로 이루어질 수 없고, 사해동포나 우주 삼라만상과의 합일도 그저 관념일 뿐이며, 중도의 완성이나 깨달음의 성취도 공염불이 되고 마는 것이다.

모든 고귀하고 정당한 목표는 자발적 의사와 자각적 노력 그리고 자율적 행동과 실천 속에서만 성과를 거둘 수 있다. 특히 깨달음의 길, 자아와 세계 완성의 길, 초월과 구원의 길은 위와 같은 자각을 통해서만 도달될 수 있는 길이다. 아니 근본적 자각 그 자체가 바로 깨달음의 길이다.

출발 지점에서의 자각이 때로는 합리적인 원리의 인도에 의해, 때로는 변증법적인 과정의 통로를 거쳐, 또 때로는 창조적이고 자발적 노력 끝에 도달 지점에 있어서의 자각에 이른다. 그리하여 마침내 그 모든 것, 최초와 최종의 자각조차 뛰어넘어 자각할 것마저 없는 무아와 무심에 이른다.

우리는 미래를 중시하지만 왜 그보다 더 현재를 중시해야 하는가? 왜 관념보다 현실적 실천을 중시하는가? 그것은 자각의 중요성과 필요성 때문이다. 내일 지구가 없어진다고 해도 오늘 한 그루의 나무를 심는 것, 그것이 인생의 진면목이기 때문이다. 그것은 '지금 여기서 자각하지 않으면 언제 어디서 자각할 수 있겠는가' 하는 근원적 사실을 알고 있기에, 현재 살아 있음을 중시하는 것이다. 오늘 성실하지 않고서는 내일 성실할 수 없음을 아는 것이다.

부모 형제와 이웃과 민족과 인류를 모르는데 누가 사리를 분별할 줄 아는 이라고 부르겠으며, 세상의 사리도 분별할 줄 모르는데 어떻게 성성惺

<sup>慧</sup>한 깨달음에 이를 수 있으며 미래의 이상향을 말할 수 있겠는가? 진정으로 깨달음을 얻고자 한다면, 먼저 자기 자신부터 바로 세우고, 자기가 속한 사회와 민족, 나아가 인류의 문제를 바로 보라. 그리하여 나의 개아를 넘어 너와 그들의 개아도 함께 염려하는 사람이 되라. 적어도 마음이 이 정도는 되어야 사물과 삶의 진면목이 눈에 들어올 것이다.

그러한 마음에서 바로 깨달음이 오는 것은 아니지만, 최소한 그러한 마음이 되어야 아집에 머물지 않을 것이고, 어지간한 일로 혼을 빼앗기지 않을 것이며, 빈 마음의 효험도 어느 정도는 체험할 수 있을 것이다.

그리고 나서 대아도 소용없고 전체도 소용없는 날이 온다. 대아도 대아를 의식하지 않을 때 대아의 의의가 살아날 것이고, 전체도 전체를 의식하지 않을 때 전체의 의미가 살아날 것이기 때문이다. 말이 대아이고 전체일 뿐이지, 대아나 전체가 따로 있는 것이 아니다. 현재의 현실로는 개체와 생명 하나하나가 있을 뿐, 개체와 생명 하나하나도 고정 불변의 실체가 아니기 때문이다. 개체와 전체도 개체와 전체가 아니다. 말이 개체요 전체일 뿐이다. 그러나 그것은 나중 이야기다. 우선은 개체를 바로 세우고 제대로 살려라. 그리고 개체와 개체와의 관계, 자연과 우주, 이 모든 관계를 원활하게 하는 일이 필요하다.

# 몸, 그 진화와 존재의 연쇄 그리고 윤회

●
○

불교는 생명을 어떻게 보는가? 몸과 마음을 별개로 보는가, 하나로 보는가? 생명과 생명, 생명과 사물, 그 모든 존재하는 것의 관계, 즉 존재의 연쇄 관계는 어떠한가? 이 문제를 불교적 관점에서 말하기 전에 우선 보통 사람들의 상식에서부터 생각해보자.

진화론은 자연 선택론과 성性 선택론으로 설명한다. '진화'라는 말을 할 때 우리는 보통 최초의 무엇을 상정한다. 가령 미생물부터 시작해 바다에 살던 생물이 뭍으로 올라와 점점 파충류에서 조류로, 결국에는 포유류로 진화했다고 알고 있다. 진화는 엄청나게 긴 세월 속에서 진행되는 것이기 때문에 우리 감각으로는 그 변화를 알아차릴 수 없다. 몇 십만 년의 변화도 우리가 느끼기엔 달라 보인다고 하기 어려울지 모른다. 직립 유인원 호모에렉투스에서 호모사피엔스까지 진화하는 데 100만 년 이상의 세월이 걸렸음을 상기한다면, 이를 충분히 이해할 수 있다.

그런데 이 진화는 '존재의 연쇄'라는 차원에서 보면, 수직적으로 진행될 뿐만 아니라 수평적으로도 진행된다. 가령 우리 몸속에는 먼 태곳적부터 면면히 이어져오는 생물들의 흔적도 존재하지만, 수많은 다종다양한 생물 속에서 보다 건강한 생태계를 이루고 지속할 수 있는 관계를 형성한 결과, 동시대를 살고 있는 다른 생물들의 흔적도 존재한다. 가령 인간의 뇌는 크게 세 부위로 나뉘는데, 파충류의 뇌인 뇌간, 포유류의 뇌인 대뇌변연계, 인간의 뇌인 대뇌피질이 그것이다. 변연계에도 파충류 뇌, 구포유류 뇌, 신포유류 뇌 흔적이 남아 있다고 한다. 이 부위들은 세밀하게 보면 사람마다 활성화된 정도가 다를지 모른다. 가령 다른 부위보다 뇌간이 활성화된 사람이 있는가 하면, 대뇌피질이 훨씬 활성화된 사람이 있기도 할 것이다. 유전자의 조합 형성에 따라 사람마다 다를 수밖에 없다.

## 존재의 연쇄와 진화의 관점에서의 윤회

'윤회'라는 같은 말을 하는데, 그 생각하는 의미가 다른 경우가 너무나 많다. 윤회란 과연 무엇이라고 생각하는가? 보통 윤회라고 하면 '다음 생에 어떠어떠한 존재로 다시 태어난다'거나, '이 생에서 나쁜 짓을 많이 했으니 내생에 그 벌을 받을 것이다'라거나 '전생에 죄를 많이 지어 지금 이처럼 형편없이 살고 있다'는 식으로 일대일 대응의 원인-결과론으로 해석하는 사람이 많다.

하지만 불교는 기본적으로 사물이나 행동 할 것 없이 일정한 실체란 없다고 본다. 원인이나 요소, 이것이라고 확정할 것, 고정된 것이 없다는 것이다. 찰나생 찰나멸利那生 利那滅이라고 하지 않았나? 그런 식으로 보면 어떤 원인 때문에 어떤 결과가 나왔다고 하면 맞지 않다. 전후좌우 연관된 흐름을 한정 짓고 토막 내어 어떤 행동으로 인해 어떤 결과가 나왔다고 하는 것은, 관련된 복잡계를 생략한 사고방식이다. 알프레드 화이트헤드Alfred Whitehead는 여러 가지 행동과 사물은 합생의 결과 복합적인 것이며, 더군다나 그것은 과정이지 실체가 아니라고 했다. 윤회에 대해 일대일 대응식의 인과응보를 주장하는 것 자체가 말이 안 된다는 것이다.

이런 일대일 대응식의 해석은 과학적·철학적 분석이 발달하지 않은 시대의 사람들에게 윤회를 가르칠 때 편의상 비유로 사용한 것이라고 본다. 그런 경우가 아니라면 카스트를 합리화하는 것처럼, 가난하고 무지한 사람들을 이용하기 위함일 것이다.

내가 생각하는 윤회란 이렇다. 어떤 사람이 비슷한 패턴의 생각이나 행동을 10년 후에도, 20년 후에도, 심지어는 죽기 직전까지 되풀이한다. 욕망과 무지의 사슬에 얽매어서 다람쥐가 쳇바퀴 돌 듯, 그 자리를 뱅뱅 도는 것이 윤회와 유사하다. 그러한 삶을 사는 사람들은 그 속에서 벗어나려는 생각은 하지도 않은 채 오히려 자신을 합리화한다. '인생살이가 다 그런 거지 뭐' '사람 사는 게 별다른가' 그렇게 항상 같은 삶의 수준을 유지한 채 죽게 되면 그 에너지가 어디로 가겠는가? 유전자로 전해질 것이고, 에너지 불변의 법칙에 의해서 그 에너지와 원소들은 고스란히 남아 우주 생태계에, 그리고 남은 사람들에게 영향을 줄 것이다. 결국엔 온 세상에 그런 요소들과 에너지가 미만彌滿할 수밖에 없는 것이다.

화이트헤드는《이성의 기능Function of Reason》에서 '경험의 모든 계기는 양극적dipolar'이라고 말했다. 경험에는 신체적인 것과 정신적인 것이 모두 다 들어 있다는 뜻이다. 사람의 모든 행동 속에는 정신적인 요소와 육체적인 요소가 모두 있기에, 결과적으로 그것이 미치는 영향 또한 정신적인 것과 물질적인 것을 모두 포함한다고 볼 수 있다.

여기서 생각해봐야 할 점이 있다. 르네 데카르트René Descartes를 비롯한 서양의 철학자와 과학자들은 '생각하는 기능의 두뇌가 곧 마음'이기 때문에, 인간에게서 두뇌를 제거하면 인간의 마음까지 사라진다고 보았다. 뇌를 제거하면 생각은 물론 몸, 마음 할 것 없이 다 죽어버리는 것은 맞다. 그런데 몸과 마음을 완전히 다른 것이라고 여기는 생각부터가 문제다. 우리 몸속 세포 하나하나는 물질적 요소뿐만 아니라 정신적 요소를 함께 가지고 있기 때문이다. 세포 핵 하나하나에 유전자 정보가 들어 있다는 사실은 이미 증명되었다. 이 유전자 정보는 물질적이면서 정신적이다.

불교는 물질과 정신을 편의상 나눠 설명하기도 하지만, 정신과 육체가 완전히 별개라고 보지는 않는다. 완전히 같은 하나도 아니지만 완전히 다른 별개도 아니므로 둘이 아니라는 표현을 쓴다. 오히려 육체가 곧 정신, 정신이 곧 육체라고 보는 편이다. 그러니 우리 몸에서 두뇌만 떼어 정신적 요소가 있다고 하면 안 된다. 몸속 세포 하나하나에 있는 DNA가 배아, 줄기세포, 뉴런(신경망), 시스템을 형성한다. 침 한 방울, 머리칼 한 올

에도 DNA가 있다. 결국 우리 몸속 세포 하나하나에 물체적 극physical pole
과 정신적 극mental pole이 들어 있다고 봐야 한다.

이런 면에서 화이트헤드와 붓다는 얼마나 탁월한가? 이 두 사람은 우
리의 세포 속에 들어 있는 양극적인 요소가 에너지로서 변화를 거치기는
하지만 끊임없이, 심지어 무덤 속까지도 영향을 미친다고 보았다. 그 영
향으로, 살아서는 늘 유사한 패턴과 내용의 삶을 반복하고, 죽어서는 유
전자로 또는 에너지와 각종 원소로 또는 어떤 영향력과 작용력으로 남아
서 돌고 돈다면, 그런 것을 윤회라고 한 것이 아닐까? 또 그것이 존재 연
쇄의 가지가지 연결고리와 통로와 맥락을 통해 상호 관계를 맺고 진화해
간다면, 그런 것을 윤회라고 한 것이 아닐까? 똑같은 모양, 똑같은 방식으
로 다시 나타나고 태어나는 것은 아닐지라도, 태어나고 먹고 움직이고 생
존하려고 발버둥 치고 늙고 병들고 죽어가는 모습을 되풀이한다면, 그런
것을 윤회라고 한 것이 아닐까?

그러나 불교에서는 이것이 다가 아니다. 붓다는 이 모든 것이 있다고
하면 있는 것이지만, 또 달리 보면 공空이요 무無라고 했다. 뒤에서 이런
되풀이되는 삶에 다른 활로가 열릴 수 있는지 살펴보기로 하자.


**리사이클링, 업사이클링, 노-사이클링**


화이트헤드는 삶을 '사는 것' '잘 사는 것' '더 잘 사는 것'으로 나눈 후,

'잘 산다는 것'은 불가피하게 변화·발전을 기하기 위해 '불안정'한 것이라고 했다. 그에 의하면, 자연에는 '안정'을 확보하는 세 가지 방법이 있다고 했다. 바로 맹목, 리듬, 잠시의 방법이다. 맹목은 오직 생존만을 위해 상향성을 포기하면서 충동적인 삶으로써 안정성을 획득하는 것이고, 리듬은 생체의 리듬을 활용하여 경험에 대한 주기의 다양성을 획득하는 것이며, 잠시는 효과적인 방편도 얼마 후에는 삶을 옥죄는 카르마로 변해 권태, 피로, 소모를 가져오므로 생활은 잠정적 대처의 연속일 수밖에 없다는 것이다. 많은 사람은 맹목, 리듬, 잠시의 방식으로 살고 있다. 한평생을 그렇게 살다가 결국 한 줌의 재로 돌아가 무덤 속에 묻힌다.

이러한 삶은 다른 생명체와 우주에 에너지를 남긴다. 다른 말로 바꾸어 보면, 리사이클링recycling이다. 반복하는 윤회의 차원을 벗어나려는 노력 없이 살다가 끝내 보다 고차원적인 가치 세계로의 탈출구를 발견하지 못하고 마감하는, 이른바 자연주의적 순환의 삶이라 볼 수 있으며, 결국 이는 원초적인 희로애락을 벗어날 수 없는 삶이 된다.

화이트헤드는 안정된 삶은 결국 권태와 피로, 엔트로피 증가로 귀결되어갈 것이라는 사실을 자각하고, 지금보다 나은 삶을 살기 위해 현재의 삶을 알아차리고 살펴야 하는데, 그러한 기능을 '욕망 중의 욕망'이라고 부른다. 이 욕망 중의 욕망이 이성의 기능이란 것이며, 이러한 욕망 중의 욕망을 추구하는 삶이 리사이클링에서 업사이클링upcycling으로 상향하는 삶이다.

붓다는 이 업사이클링에서 진일보해 사이클링의 차원을 벗어나는 길을 안내한다. 이를 깨달음과 성불의 길이라고 표현한다. 불교에서 성불이란 '보다 나은 삶에서 더 나아가 진정한 자유와 온전한 삶, 즉 사이클을 넘어서는 삶'을 말한다. 즉 회귀하지 않는 노-사이클링no-cycling이다.

붓다는 마부나 세탁부, 하인, 식모와 같이 사회적으로 천시받고 가난한 사람들에게 다가가 따뜻한 목소리로 이렇게 말했다. "이처럼 반복하는 삶 속에서 얼마나 고통이 심한가? 그런데 안타깝게도 이 삶의 질곡은 너무나 오랫동안 큰 흐름 속에서 구조화되어 있어서 단시일에 벗어날 수가 없다. 이런 현실을 먼저 제대로 직시하자." 그러면서 사성제, 연기법으로 지금 여기의 현실을 돌아볼 것을 당부하며 바라밀행을 권했다.

화이트헤드와 붓다 모두 안정된 것을 추구하다 보면 삶에 권태와 피로가 쌓이고, 에너지가 감소하여 오히려 퇴행하고 쇠멸해간다는 것, 그리고 마침내 역동성이 없어져서 점점 죽음으로 한 발 가까이 다가가게 된다는 것을 일깨운다는 점에서 유사한 면을 보인다. 또한 양쪽 모두 이상적 경지로의 상향성도 가지고 있다. 그러나 붓다는 이상적 가치의 지향 정도가 아니다. 《금강경》에서는 "머무는 바 없이 그 마음을 내라"고 했으며, "강을 건넜으면 뗏목을 버리라"고 말했다. 이를 다르게 해석하면, 무유정법, 부정不定 혹은 공空이라고 할 수 있다. 어디에도 집착하지 않은 채 마음을 쓴다는 뜻으로, 사상四相(아상我相, 인상人相, 중생상衆生相, 수자상壽者相)을 내지 말고 살라는 말과도 같다. 안정적인 것이나 이상향의 지향 정도보다는 훨씬 나아간 삶을 제시한 것이다.

차이점 가운데 또 하나는 화이트헤드가 '신'이란 존재를 설정했다는 것이다. 물론 이 경우 화이트헤드가 말하는 신은 기독교에서 의미하는 인격신으로서의 조물주는 아니다. 그는 인간의 이상적 목표는 신이 세우는 것이고, 인간은 그 목표를 받아들이는 존재라고 봤다. 그러나 그 목표를 받아들여 추구할지 말지는 인간 자유의지에 달렸다고 생각했다는 점에서, 주류 서양철학이나 기독교 사상과는 많이 다르다.

화이트헤드는 더 좋은 삶을 위해서 욕망을 하향과 상향으로 나누고, 이를 살펴가며 가늠하고 조절할 줄 알아야 한다고 생각했다. 이처럼 욕망을 살피고 가늠하며 조절하기 위해서 반드시 필요한 것이 바로 '이성理性'이란 것이다. 이때 이성을 다른 말로 하면 '욕망의 비판자 역할에서부터 출발하는 기능'이라고 할 수 있다. 자신에 내재한 욕망을 검토·감독하면서 잘 제어해나가는 것이 바로 이성의 역할이다. 이성이 배제된 채 욕망에 끌려다니다 보면 무절제한 상태, 방자한 상태로 치닫기 쉽다.

《반야심경般若心經》의 "반야바라밀다를 깊게 행할 때 이 '몸'(물체적 극 + 정신적 극)이 공함을 보고 고에서 벗어난다〔행심반야바라밀다시 조견오온개공 도일체고액 行深般若波羅密多時 照見五蘊皆空 度一切苦厄〕"는 말을 화이트헤드식으로 해석하면, '욕망의 관찰자·비판자·감독자·조종자인 이성을 통해 욕망의 덧없음을 깨달아, 욕망이 파생하는 문제를 해결할 답을 찾을 수 있다' 정도가 되겠다. 그러면서도 욕망을 부정적으로 보지 않고 저급한 욕망에서 고급의 욕망으로 나아가야 한다고 역설했다. 이처럼 화이트헤드의 상향설은 어렵고 고차적인 불교의 성불관을 보다 쉽고 일상적인 수준에서 풀이하는 데 응용할 수 있다.

과거 서양철학은 이성을 선험적이고 초월적인 능력이라 봐왔다. 따라서 이성이란 신 또는 절대정신으로부터 우리에게 주어진 것이라는 관점이 주류를 이뤘다. 플라톤Platōn, 데카르트, 칸트Immanuel Kant나 헤겔Georg Hegel 등 대부분의 서양철학자가 그런 사상을 토대로 자신의 철학을 전개했다. 헤겔은《정신현상학Phänomenologie des Geistes》에서 인간이 절대적인 지혜에 도달하기까지의 단계를 설정해, 이성을 통해 절대정신에 도달하면 자유에 이를 수 있다고 말한다. 헤겔이야말로 이성을 관념화한 철학자다. 인간은 이성이 부족하니 초월적 이성의 주재자이자 충만한 지혜의 왕인 신을 따르라는 기독교도들의 사고도 같은 맥락에서 이해할 수 있다.

역사학에서도 마찬가지였다. 신과 결부된 이성을 상정하고, 그 이성을 지나치게 숭배하다가 이성에 대한 과도한 기대가 실망과 좌절로 돌아오자 도구주의적 이성관을 갖기에 이르렀다. 민주주의나 다수결 원칙, 자유시장 경제사상, 사회주의 사상 등이 모두 그런 도구화된 이성의 산물이 되어버렸다. 이성으로 이 세계를 바꿀 수 있다는 사고는 결국 실패로 돌아갔다. 그러한 이성주의로는 인간의 모든 것을 읽어낼 수 없었다. 반쪽짜리 인간만 보게 될 뿐이었다.

그러나 화이트헤드의 이성관은 다르다. 관념이 아니라 몸에서 이성을 본다. 이렇게 되면 몸은 몸(몸과 마음의 결합체)이 된다. 그런데 이성이 몸이나 저 우주 바깥에 있는 것이 아니라 몸에 있다는 사실을 인정하면, 굳이 신이라는 가설을 내세울 필요가 없다. 이 점이 붓다와 화이트헤드가 갈라지는 지점이다.

대부분의 서양철학은 유토피아를 설정하고 추구한다. 하지만 붓다는 저세상에서의 완전무결한 이상향을 지향하지 않았다. 저 높은 곳에서 아래를 내려다보며 "형편없는 삶을 살고 있는 중생이여, 나처럼 이곳으로 올라오라"고 말한 적이 없다. 대신 직접 이 세상의 사람으로 나서 살다 모범을 보이고 갔다. 왕자라는 신분을 버리고 누더기를 입은 채 직접 민중 속으로 들어갔다. 2500여 년 전에 바라문과 교류하던 왕자가 세탁부나 우유배달부와 웃으며 이야기를 나눈다는 건 굉장히 파격적인 일이었다. 그리하여 이 세상에서 고난에 처한 삶 자체로써 이상을 실현할 수 있음을 깨닫고 설파했다.

서양에도 루크레티우스Lucretius Carus, 스피노자Baruch de Spinoza, 니체, 베르그송Henri Bergson, 화이트헤드, 러셀Bertrand Russell, 들뢰즈Gilles Deleuze, 데리다Jacques Derrida 같은 사람이 있긴 하지만, 아직까진 비주류 소수의 위치에 머물고 있다. 그리고 그들도 또 다른 한편으로 치우친 점이 없지 않다고 본다. 아무튼 플라톤, 데카르트, 칸트나 헤겔 철학 같은 표상철학, 의식철학이 서양의 주류로 있는 한 불교의 사상이 파고들긴 쉽지 않다. 이러한 서양 주류 철학에 대한 해체작업이 필요한 때다.

새로운 소수의 사상이 속속 등장해야 한다. 생태운동가 속에서도, 자유주의자 속에서도 소수의 물결이 일어야 한다. 서양의 주류 사상도 아니고 동양의 전통 사상도 아닌, 전통과 현대를 회통하면서도 새로운 길로 나아갈 수 있는 사상이 필요하다. 조심해야 할 점은 그 새로운 사상이 어떤 것이든 간에 목적이 수단을 합리화해서는 안 된다는 것이다.

# 생태 위기의 시대,
# 불교가 희망이 될 수 있는가

●
○

현대는 자연생태계의 사활이 걸린 생태 위기의 시대다. 생태·환경의 문제가 인류 역사상 그 어느 때보다도 심각한 상태에 놓여 있고, 따라서 그 해결을 위해 최선의 노력을 다해야 한다는 의미에서 그러하다. 이러한 생태 위기의 시대 한복판에서 불교가 기여할 수 있는 길이 있는지를 생각하며, 인류의 진화 과정과 역사의 변화·발전이라는 맥락에서 현대 불교의 의미를 살펴보고자 한다.

## 호모 에렉투스부터 신석기 혁명까지의 지구 환경과 정세

호모 에렉투스로 불리는 직립 인류의 시대부터 신석기 시대까지의 지구 환경과 정세를 보는 관점은 이후의 이른바 신석기 혁명과 인류를 어떻게 볼 것인가에 대단히 중요한 요소다. 신석기 시대 이전 수렵·채집 생활을 하던 시대에는 인간과 자연 사이에 대체적으로 미묘한 동태적 견제·균형이 유지되었다. 숲의 정령으로 여긴 동물들에 대한 인간의 대응을 보면, 결코 인간의 일방적인 우위가 유지되는 상황은 아니었다. 인간에게 동물은 경외의 대상이었다고 볼 수 있다. 인류학자들에 의하면, 인간은 생존을 위한 불가피한 상황이 아니라면 그들을 함부로 사냥하지 않았고, 주로 방어적으로만 대응했으며, 때에 따라선 짐승들의 잔해들을 모아 고이 장사 지내기도 했다. 상당 기간 위와 같은 상호 견제와 균형을 이루는 대칭 관계가 유지되었으며 대량 학살 사태는 없었다.

초자연적인 것에 막연한 두려움과 숭배감을 지니고 있었지만, 아직 조직화된 샤먼shaman(주술가·제사관)이나 군장 계층이 형성되거나 그들 사이의 결탁이 생기기 전이므로 뚜렷한 지배 복종 관계도 없었다. 그들의 지도자의 역할도 사냥 길을 안내하거나 무리를 즐겁게 해주는 정도였다.

자연과 생명체들, 즉 타자와 관계 맺는 방식은 상호 견제하에서 매우 조심스럽고 미묘한 동태적 균형을 유지하는 방식이었다. 기본적으로는 평등한 관계가 주류를 이루던 시대였다. 이러한 미묘하고도 균형 잡힌 동태적 대응 방식을 석기 시대 인류의 '유동적流動的 지혜'라고 부르기도 한다.

그러다가 신석기 시대에 이르러 인류가 농작물을 재배하고 가축을 키울 수 있게 되면서 정주 생활이 본격적으로 시작되었다. 인간이 한곳에 모여 살게 되면서 일부 사람들과 집단들이 이익을 둘러싸고 갈등하기 시

작했고, 그들은 자신의 이익을 지키고 더 많은 이익을 도모하기 위해 샤
면과 군장 계층을 형성했다. 그리고 그들 사이의 결탁 관계가 발전해 군
장국가, 부족국가의 성립으로 이어졌다.

점차 집단이 강화되면서 집단 내부 중심으로의 동일화와 집단 각개의
결속화가 심화·확대되었다. 따라서 인간 내부에서도 계층과 계급의 분화
가 일어났을 뿐 아니라, 인간 상호 간과 집단 상호 간에 폭력과 침노가 일
어나고, 자연을 장악하거나 착취하는 것을 당연시하며, 점차 자연을 인
간 집단의 관리와 통제 안으로 흡수·내부화하려는 경향이 강해졌다. 결
국 자연에 대한 무지와 신을 빙자한 위계질서에 의해 강자 중심 지배체제
로 일반화되어갔고, 자연은 빠른 속도로 개발과 착취의 대상으로 전락하
고 말았다. 그리하여 전반적인 권력(정치·종교·금권) 시스템 내부화 과정
이 양적·질적으로 확대·심화되는 길로 질주하게 되었다.

정령신앙(물활론)과 다신교, 유일신 신앙 등의 다종다양한 형태로 수많
은 종교가 나타나는 과정에서, 신을 내세우지 않고 독특한 형식과 내용을
가지고 세상에 모습을 보인 것이 불교다. 인류학자들은 불교를 신화의 형
식을 통해 표출했다고 전해지는 인류의 유동적 무의식과 지혜를 고차원
적으로 부활시킨 획기적인 신사상으로서, 인류 앞에 새로운 도정을 제시
했다고 말하기도 한다.

불교는 그때까지 존재했던 일체의 신에 대한 관념들을 혁파하고 스스로 탈피했다. 카스트를 비롯해 억압과 불평등을 야기하는 각종 관념과 제도의 질곡 속에서 신음하던 중생의 현실을 직시했다. 비폭력적인 방법인 지혜와 자비의 길을 통해 그 모든 생명을 노예화와 식민화로부터 해방시키고자 나섰던 것이다.

설화 속의 이상적 제왕처럼 전해져 오던 전륜성왕의 길을 고타마 싯다르타는 가지 않았다. 전륜성왕의 이야기가 전제한 '지배와 권력의 필요악'을 인정하지 않았으며 그 한계와 모순, 위선과 허위의식을 간파했다.

붓다는 인간의 심층무의식(아말라식, 아라야식, 마나스식 등)뿐만 아니라 집단 공동체와 개인의 삶을 가로지르며 관통하는 역사와 사회의 기반적이고 구조적인 무의식의 작용까지 꿰뚫고, '존재와 존재의 사이에 자유 독립성과 상호 의존성'이 있음을 밝혀냈다.

그는 야생의 동물과 자연, 문명화 과정의 인간, 이 둘의 평화공존이 모든 생명의 생존에 필요한 최소한의 조건임을 인식했다. 그러나 그것이 자각의 출발 지점이 될 수는 있으나, 우주 대자연과 존재의 의미에 대한 깨달음에 도달하기에는 너무나 요원한 지점에 있다는 것을 알았다. 그리하여 아버지의 성을 넘고 전통과 관습과 조상의 나라를 떠났다. 과연 도달 지점이 있을 것인지조차 도무지 가늠할 수 없는 상황에서 오직 전진에 전진을 거듭할 결심만으로 기약 없는 수행의 길에 올랐다. 인간 중심의 차원을 넘어서 인간과 타자의 분별 세계를 지양하고, 우주 대자연의 모든 존재로 하여금 각기 나름대로 적극적인 생의 의의를 실현할 수 있게 하는 길이 무엇일까 찾아나섰던 것이다.

붓다의 길을 한마디로 요약하면, '자기중심성을 극복하고 타자와의 분절도 넘어서 자유와 기쁨을 능동적으로 창조하는 인간의 길, 즉 진정한 의미에서 사람다운 사람의 길'이었다. 그 길은 인간을 관념과 관습과 권력과 돈으로부터, 그리고 관리와 통제에 의한 생활 세계의 식민화로부터 해방시키고, 자유와 평등의 길, 생동하는 조화의 세계, 대지의 순리로 이끌고자 했던 길이다.

붓다는 자연과 인간을 둘이 아닌 관계로 보았다. 다시 말하면, 동일한 원리에 의해 지배되는 똑같은 사물로 보지도 않았고, 그렇다고 완전히 서로 다른 별개의 존재로도 보지 않았다. 붓다는 신관의 종교처럼, 세계와 사물을 환상이나 관념 체계 속에서 보지 않고, 현실 속에서 자연과 인간을 '있는 그대로' 보았다. 그러나 '있는 그대로'도 시간과 시각, 조건과 관계에 따라 다차원적으로 변화하므로, '절대적으로 있는 그대로가 아니다'라는 점을 꿰뚫어 보고 연기적 관계와 이치로 통찰했다.

붓다는 살아 있는 중생의 지금 여기의 삶의 문제를 중시했다. 모든 생명은 일차적으로 주어진 자연과 풍토 그리고 사회·문화가 현존하는 세계 속에서 맹목적 생존의 충동과 생리적 기능, 존재론적 욕망에 의해 살아가도록 태어났다. 그리고 나아가 역량의 확충과 확대의 의지, 힘과 권력에의 의지, 세간의 가치 추구 의지와 초월적 세계의 지향 의지 등을 복합적으로 갖고 태어났다. 불교는 이러한 사실을 있는 그대로 본다. 이 복합적 사실 속에는 본질적 요소와 비본질적 요소, 존재론적 욕망과 소유론적 욕망이 다 들어 있다. 마르틴 하이데거Martin Heidegger의 '본래적 삶과 비본래적 삶'이나 에리히 프롬Erich Fromm의 '존재와 소유'의 양상까지 포함하고 있다. 냉정하고 엄밀하게 깊이 들여다보면 볼수록 어느 것이 본질적이고 본래적이며, 어느 것이 비본질적이고 비본래적인 것인지 단정하기가 어렵다.

생명은 태어난 순간부터 우선 살아야 하고 살게 마련이다. 불교는 그러한 '살아야 한다'는 의지를 존중하는 데서 출발한다. 그런 면에서 불교는 삶에 관련된 모든 고통의 현실과 원인을 먼저 직시하고 천착하며 해결책을 찾고자 노력하는 모든 인간의 생활을 긍정적인 눈길로 본다고 할 수 있다. 그러나 사실과 세계 또한 고정된 것이 아니라 끊임없이 변화·발전한다는 것과 그러한 사실과 세계를 긍정하는 차원의 노력만으로는 완전히 고통에서 벗어날 수 없고 삶의 문제를 근원적으로 해결할 수 없다는 진실을 깨닫고, 일대 부정의 전회轉廻를 거쳐 새로운 목표와 길을 제시하고자 했다.

그것이 이른바, 고·집의 현실 파악과 멸·도의 이상 실현이 사실은 '둘 아닌 총합적 현실 속의 일대사'임을 설파한 사성제다. 특히 실천의 길을 강조하여 팔정도八正道, 사무량심四無量心, 사섭법四攝法(중생을 제도하기 위해 행하는 네 가지 행위. 보시布施, 애어愛語, 이행利行, 동사同事) 등을 제시했다.

## 야생의 사고에 새로운 조명을

야생의 사고는 동물과 자연과 인간의 균형 잡힌 공존과 조화의 관계를 말한다. '원시적인 야생의 세계의 순수 증여와 호혜성의 삶' 그리고 '인간과 자연의 대칭 관계에서의 미묘한 동태적 견제와 균형의 지혜'에 새롭게 주목하는 시대가 왔다. 야생의 지혜를 간직한 신화의 숨은 의미를 재조명한 인류학의 한쪽(레비-스트로스Claude Lévi-Strauss, 나카자와 신이치中澤新一 등)에서는 이러한 의미를 '인류의 유동적 지성'이라고 불러왔다. 여기서 '야생의 사고'와 '유동적 지성'에 관해 다시 한 번 살펴보자.

원시적 야생의 세계에서는 인간과 동물 사이는 물론이고 인간 상호 간에도 의도를 가지고 대가를 주고받는 식의 교환은 없었다. 각자 상대에게 순수한 마음으로 주다 보니, 결과적으로 그냥 받는 경우도 많이 생기는 것이었다. 순수한 증여의 시대였고, 결과적인 호혜적 호수성互酬性의 시대였다. 동물, 특히 곰과 호랑이 같은 맹수에게는 물론이고 돼지, 양 같은 짐승에 대해서도 일방적으로 인간이 지배할 수 없는 시대였기 때문에, 서로 두려워하면서 삼가고 견제하는 식으로 균형을 유지하던 시대였다. 야생의 세계에서는 인간과 자연, 인간 상호 간의 순수했던 관계가 살아 있었던 것이다. 이 점을 매우 중시한 《월든Walden》의 저자 헨리 데이비드 소로Henry David Thoreau는 "야생성 안에 세계가 보존되어 있다"고 말했다.

야생성은 펄펄 살아 있는 자연을 의미한다. 온갖 동물과 식물, 모든 생명체가 태어나 건강하게 살아가고 있는 터전과 그 삶을 일컫는 말이다.

그러므로 야생성은 인간이 동식물과 함께 살고 있는 공동의 터전인 지구의 건강함을 알려주고 증명해주는 지표이며, 항상 신선한 기운을 불어넣어주고 끊임없이 새로움과 경이로움을 제공해 늘 창조력을 북돋아주는 원천인 것이다.

야생성은 또한 '길들여지지 않고 익숙하지 않은 것' '구속받지 않고 활기가 넘치는 것'이다. 인간의 관리나 통제의 내부로 들어오지 않고 광활한 외부 세계에서 제각각 타고난 성질과 생리대로 살아가고 있는 것, 비록 먹고 먹히는 관계 속에서도 서로를 살리고, 순수 증여의 삶을 살고 있는 것, 꾸밈없고 티 내지 않는 무위자연에 가까운 것이다.

야생성은 근원적인 야생성에 기반을 둔 식물부터 살펴봐야 하지만, 여기서는 식물과 그 터전에 의거하면서 능동적으로 삶을 살아가는 '동물의 야생성'에 주목하고자 한다. 동물은 모든 생명체를 야생적인 존재가 되도록 만든다. 이러한 야생성은 인간이 일방적으로 동물에게 영향을 주는 것이 아니라, 오히려 동물이 인간에게 더 중요한 영향을 미친다는 역행적逆行的 사유를 일깨운다. 역행적 사유가 중요한 까닭은 자연의 야생성이 없다면 인간은 삶의 풍요로움과 자유로움을 충분히 누릴 수 없을 뿐만 아니라 삶의 존립 기반 자체가 허물어질 수 있기 때문이다.

자연의 야생성이 지구 곳곳에 풍부하게 살아 있었다면, 인류의 삶은 지금과는 많이 달라져 있을 것이다. 분류하되 특징과 개성으로 분류하지, 지금처럼 우성과 열성으로, 고등과 하등으로 분류하지 않았을지 모른다. 인간도 우월한 족속과 열등한 종족으로 나뉘어 한쪽이 다른 한쪽을 도구

생태 위기의 시대, 불교가 희망이 될 수 있는가

와 노예 아니면 지배와 지도의 대상으로 인식하고 취급하는 짓은 범하지 않았을 것이다. 도구주의적이며 차별적인 자연관과 인간관을 극복하고, 자연과 인간 그리고 인간과 인간 사이에 적극적인 상생의 의미를 부여하며, 역동적인 상호 영향의 과정 가운데에서 견제와 균형을 이루어 조화롭게 살아가는 모습을 보이고 있을 것이다. 자연과 동물과 인간은 여러 기능과 역량들을 발휘하여 지구 공동체를 다양하고 풍요롭게 만들 것이며, 인류는 그 속에서 이전보다 훨씬 더 편안하고 자유로울 수 있을 것이다.

이러한 사고의 원천과 맹아가 석기 시대 인류에게는 있었다는 것이 인류학자들의 생각이다. 그들은 이것을 동태적·유동적 과정에서의 미묘한 균형 감각과 지혜에서 우러나온 것이라는 의미에서 '석기 시대 인류의 유동적 지성'이라고 부른다. 불교적 사유의 표현을 빌리면, 대칭적 존재자들 간의 '유동하는 둘 아닌 공적空的 기층무의식과 지혜'라고 할 수 있을 것이다.


**문명의 세계를 너머 야생의 원천으로**


불교는 야생성을 적나라한 그대로도, 또 인위적으로 분류하고 변형한 방식으로도 재현하지 않았다. 고타마 싯다르타는 먼저 자기가 속한 사회의 내부와 주변, 자기 자신의 실존적 현실을 벗어나 그 외부를 찾아나섰고, 여러 다른 부족과 나라, 다른 문화와 정신세계를 경험했다. 히말라야를 비롯해 수많은 산맥과 갠지스를 비롯해 수많은 강줄기에서 평화공존과 생존 경쟁이 반복되는 현실도 보았다. 그는 온갖 고난과 시련을 직접 몸으로 부딪히고 체험하면서 면밀히 관찰하고 분석하며 또 종합하는 과정을 거듭했다.

눈앞에 전개되는 일체의 현상에 대해 표층부터 심층까지 현실의 실상과 의미를 철저하게 탐구하고 천착했다. 그 치열한 천착 과정에서 그는 각양각색의 삶과 수많은 타자를 보았다. 부족과 국가의 외부, 문화와 문명의 이전에 무변한 미지의 우주와 광활한 대자연의 야생이 있었다. 그리고 의식적이고 인위적인 형상으로 쌓은 기성 철학의 바깥에 훨씬 더 깊고 넓은 사유와 무의식의 세계가 열려 있음을 발견했다.

그리하여 그는 이 넓은 외부 세계야말로 내부 세계의 바탕이고 원천임을 깨달았다. 인간의 기지는 광대무변한 미지에 비하면, 그야말로 갠지스 강가의 몇 개 모래알에 불과했다. 살아 숨 쉬는 생명의 세계를 파고 들면 들수록 일체 생명 존재의 상호 연관과 영향의 역동성, '천지동근天地同根 만물일체萬物一切(하늘과 땅은 뿌리가 같고 세상 만물은 하나다)'의 진실과 만났다. 그리고 생명이 약동하는, 가까이하기 어렵고 인간의 발길이 드문 야생의 천지로 갈수록, 여기저기 제멋대로 살고 있는 수많은 타자(동물)의 세상은 인간의 이모저모를 매우 뛰어난 특이점으로 분유分有해 타고난 것 같아 보이기도 했다. 대부분이 한두 가지 이상의 특징을 신통할 정도의 수준까지 발휘하고 있었으며, 몸 하나를 놓고 보면 인간의 능력과 수준을 훨씬 능가하고 있었다. 그들은 표면상 외양과 특성이 유사한 경우에도 엄밀히 관찰하면 할수록 하나도 동일한 존재는 없었고 모두 서로 달랐다. 인간과 인간, 인간과 다른 생명체, 그리고 그 다른 생명체들 사이에 비록 존재의 연쇄·연관의 차원에서 천지동근 만물일체의 이치가 작동하고 있지만, 모두가 다 순간순간 변화와 발전을 거듭하고 진화해가는 과정에 있으므로 어느 것 하나도 동일한 것은 없었다. '상호 밀접하고 내밀한 관계이지만 또 모두 다른 존재라는 현실'을 그는 파고 또 파고들었다.

마침내 논리가 막히고 언어와 사색의 길이 다해, 마치 망각처럼 모든 것이 침묵하고 사라져버린 어느 순간, 새로운 '세계 아닌 세계'가 열렸다. 그 모든 현상, 존재하는 모든 것이 고정된 실체가 없으며 연기적 관계에서 끊임없이 공의 이치를 드러내고 있음을 보았던 것이다. 그때 그는 재현과 부활도, 어떠한 말과 생각도 필요하지 않음을 깨달았다. 어떤 미세한 움직임도 보이지 않던 순간에도 세계는 연기의 이치대로 돌아가고 있었다.

그러나 인간은 자기를 중심에 두고 분절적 사고의 틀에 갇혀 자기 나름의 생리와 법칙을 마치 절대적으로 고유하며 당연한 것으로 보았다. 그는 이러한 분절적 사고와 자기중심성 등의 한계와 모순에서 비롯되는 온갖 고통의 문제를 외면할 수 없어, 그들과 함께 부딪히며 해결을 모색하기 위한 대장정의 첫발을 내딛었다. 비록 이러한 표현이 훗날 받아들이는 이에 따라 오해의 가능성이 있을지라도, 그것은 그 시대 그들이 해결해야 할 일로 남겨둘 수밖에 없었다. 그것이 그가 당대로서는 가능한 한 현대적인 언어와 형상을 고차원적으로 동원했던 불교라는 신新사유였다.

붓다는 살아 있는 생명들의 살고자 하는 의지, 즉 존재론적 욕망에 대해 부정도 긍정도 하지 않았다. 그는 그저 '있는 그대로의 현실'을 직시했다. 인간을 포함해 모든 살아 있는 생명은 살기 위한 욕망을 가지고 태어났다는 사실을 본 것이다.

그는 우선 인간의 쾌락과 고통에 직면했다. 그러는 가운데 그가 특이하다고 생각한 것은 의식과 무의식이 복잡 미묘하게 작용하는 인간과는 조금 다른 동물의 욕망이었다. 특히 그가 동물에게서 발견한 욕망의 야생성은 본능이라고 간단히 단정하기에는 어려운 것, 즉 모든 생명뿐만 아니라 무생물을 포함한 일체 존재 세계의 깊고 넓은 연기적 관계망에서 벗어나지 않으면서도 '불성의 범주'에 포함시키기에는 애매한 것이었다.

그는 동물의 욕망과 인간의 욕망이 '똑같지도 않고 전혀 다르지도 않은 둘 아닌 관계'에 있음을 염두에 두었다. 두 가지가 다 끊임없는 변화와 고정된 실체 없음을 드러내는 이치, 즉 공에 의거해 있고 둘 사이에는 끊임없이 상호 작용하는 내밀한 관계가 존재하고 있음을 알았다. 이는 자연과 인간을 대칭 관계에 놓고 상호 견제와 균형을 도모해야 하고, 자연과 인간은 상생과 상극 사이에서 미묘하고도 조화로운 견제와 균형의 유동적 지혜를 발휘하면서 살아야 하지만, 야생의 자연이 먼저고 바탕이며 원천이기 때문에 자각의 능력을 가진 인간이 자연에 대한 자행을 삼가고 더욱 야생을 배려해야 한다는 것이다.

그럼 오늘날의 현대적인 조건과 맥락에서 그러한 야생성에 대한 재조명을 통해 지구공동체에 던지는 중요한 의미는 무엇일까?

생태 위기의 시대, 불교가 희망이 될 수 있는가

## 현대 인류에 있어서의 야생성의 의미

욕망의 야생성은 모든 살아 있는 존재의 살기 위한 본원적 의지와 능력 그리고 보다 더 잘 살아보려고 하는 욕망 중의 욕망, 즉 이성의 기능의 원천을 생각하게 한다. 들뢰즈에 의하면, 인간에게서도 발견되는 욕망의 야생성은 이제까지 기억에 없는 것들을 만들어내기도 하고 찾아나서게 하는 원천이라는 점에서 색다른 영토를 개척하는 동물과 유사하다. 동물은 "내버려두면 문명에 순응해 얌전한 동물이 되는 것이 아니라", 진화 과정에서 특이성과 역량들을 발휘하고 다양한 관계와 무리를 구성해 "아직까지 경험해보지 않은 현실에 도전하고 탐험하는" 색다른 도정을 엮어나간다. 이것은 현대 인류의 눈앞에 새로운 노마드nomad 시대를 여는 일로 연결되고 있다.

이와 같이 욕망의 원천에 대한 새로운 발견은 인간 세상에서도 다양한 특이성을 지닌 소수자들로 하여금 역동적이고 연기적인 관계망 속에서 건강한 욕망의 야생성을 회복하게 할 것이다. 그리하여 야생의 욕망은 질적으로 더 나은 삶을 위한 원동력인 욕망 중의 욕망, 즉 새로운 이성으로 발전하면서, 여러 가지 변용을 통해 더욱 증식하며 지구 곳곳에 자율적인 다양체들을 이루어낼 것이다. 그리고 그 다양체들은 더욱더 자유로운 차원과 공간을 내·외부에 창출하고 많은 새로운 기능과 역할을 수행하도록 지속적으로 추동할 것이다. 들뢰즈는 다음과 같이 야생성의 현대적 변용의 의미를 발견한다.

"우리 사회에는 보이지 않는 영역에서 관계를 형성하고 성숙시켜 공동체를 풍부하게 만드는 사람들이 있다. 이들의 보이지 않는 사랑은 아래로부터 꿈틀거리는 변화의 초석이며, 공동체의 몸과 살과 피를 만드는 자기 생산의 움직임이다."

"이름 없고, 얼굴 없고, 언어 없이 보이지 않는 영역에서 살아가는 존재들, 그들을 사랑하고 (그들의 사랑 속에서) 살아가면서 공동체는 다양해지고 풍부해지며 충만할 수 있다." *


모든 자연은 이러한 보이지 않고 티 내지 않는 '무주상無住相의 무량심'을 실천하는 인간들과 같이 공동체에 보이지 않는 사랑과 정성을 다하고 정동靜動을 전하며 홀연히 사라지는 것이다.

---

• 신승철, '들뢰즈-가타리는 왜 동물의 야생성에 주목하였는가?', 《동식물계 Flora Fauna Society》, 2015, 22~23쪽 및 들뢰즈-가타리, 《천개의 고원 Capitalisme et Schizophrénie 2. Mille Plateaux》의 '동물 되기'의 장 참조.

# 인류세 천년의 대자연,
# 둥근 지구의 가르침

●
○

## 문명에서 야생으로, 다시 새로운 문명 아닌 문명으로

불교는 문명에서 떠나 문명의 외부, 야생에서 출현한 사상이다. 거칠고 험준한 야생에서 탄생한 정신이다. 고타마 싯다르타는 국가와 사회의 내부에서 오는 모든 구속을 털어버리고 '의미를 위한 투쟁'의 세월을 돌파하며 인간과 문명의 세계 바깥으로 나아갔다. 그 끝에 도달한 곳이 인간의 발길이 끊어지고 문명의 흔적이 사라진 야생의 세계였다. 삶의 의의와 진정한 자유를 찾을 때까지는 결코 야생의 세계를 떠나지 않을 '최후의 인간'이 되기를 각오하고 목숨을 걸었다. 야생의 생명들과 함께하는 삶을 통해 야생의 법을 체득했다. 그러자 문명과 야만, 인간과 야생을 구별하는 의식이 사라져버렸다.

거기서 호혜적 호수성互酬性과 순수 증여의 순환 속에서 견제와 균형을 실현하고 있는 건강한 생태계를 보았다. 그리하여 마침내 야생의 세계와 함께 그것을 넘어서 새로운 생명과 자유의 세계로 나가는 문을 찾았다. 문 바깥은 야만과 야생이 문명과 인간에게 결코 뒤지지 않는, 평등한 가치를 지닌 아름답고 귀중한 존재가 함께 약동하는 세계였다. 그러나 그것은 종착점이 아니고 새로운 출발점이었다.

'문명은 문명이고 야생은 야생이었다.' 문명도 야생도 다 존중받아야 할 현실이었다. 그러나 동시에 매달리거나 머물러 있을 수도 없는 무상한 현상이었다. '문명은 문명이 아니고 야생은 야생이 아니었다.' 현실은 다시 떨치고 일어나 새롭고도 텅 빈 마음으로 늘 재출발을 하지 않을 수 없는 '길 아닌 길'이었다. 다시 '문명은 문명이고 야생은 야생이었다.' 그러나 새로운 문명과 새로운 야생이었다. 끊임없는 이중 긍정과 이중 부정, 무분절과 분절의 되풀이 속에서도 줄기차게 다시 새로이 떠나는 한길이 광활한 외부와 약동하는 야생을 넘어서 새롭게 탄생한 불교였다.


**지금 여기에서의 불교**


불교는 내부화와 '닫힌 시스템'을 지양하고, '열린 시스템'을 지향하며, 광활한 외부를 유지하고 보존하는 데서 나아가 더욱더 문명의 바깥을 넓히려 하는 정신이다. '호수성과 순수 증여의 선순환 생태계, 그리고 미묘한 견제와 균형의 지혜'를 과학기술의 시대인 현대에도 되살리고 더욱 확산·

향상시키려는 사상이다.

그렇다고 현재까지 인류의 노력에 의한 성취와 시행착오로 점철된 역사적 도정에서 보인 다양한 내부화와 시스템화를 무조건 폄하하거나 부정하는 입장은 아니다. 그러한 것들도 언제나 이상 실현의 출발점이자 디딤돌이었다. 중도적 사유에 바탕을 둔 화쟁의 방식을 통해 적응하고 조절하며 동시에 현실을 변화·발전시키면서 살려나가자는 것이다. 불교는 모든 생명의 존엄성을 바탕으로 평화공존과 상호 평등을 지향하므로, 위계질서를 철폐하려고 노력하며, 분절적 사고와 계층 구분의 차원을 탈피해 '자유 독립적이며 동시에 상호 의존적인 관계'를 실천하려 한다.

그러므로 불교는 무조건 체제파도 아니고 무조건 반체제파도 아니다. 반체제나 반권력 또한 또 다른 체제와 권력의 형성과 공고화를 의미하며, 기존 체제와 권력의 문제점을 그대로 안고 있기 때문이다. 불교의 방편도 상호 존중·자비·관용·포용·비폭력·정도正道·바라밀波羅蜜 등이므로, 당연히 강요·핍박·음해·모략·강제·침해·폭력 등의 요소가 있는 것에는 함께하지 않는다.

이처럼 불교는 보편적일 수밖에 없고 질적으로 더 높은 가치를 지향하는 종교다. 우주 대자연의 시원적 성격을 분명히 하고, 외부 야생의 세계가 내부 문명의 세계에 늘 신선한 기운과 창조적 역량을 공급하는 대원천임을 강조하고 대변하는 정신과 사상이다.

그러므로 불교는 핵심 원리상으로 보나 실천적 과제의 면에서 보나 처음부터 수량적 확대로 기운다든지 불교 내부를 살찌운다든지 하는 것은 본분사가 아니다. 그것은 본분사에 최선을 다한 결과 종속적으로 따라오는 현상에 불과하다. 본말의 전도를 일으키면 그것은 진정한 가치와 성과면에서 답보이거나 퇴행일 뿐이며, 오히려 일조진 一朝塵(하루아침의 먼지)과 동타나락同墮奈落(함께 지옥으로 떨어짐)으로 귀결될 일이다.

바람직하고 올바른 방향은 먼저 야생의 자연을 되살리고 세상과 외부의 형편부터 배려하고 보살피는 길이다. 그러할 때 불교는 자연히 더욱 진흥되고 융성할 것이다.


## 불교 사회인의 과제*

지금 지구상의 도시 지역은 지구 전체 온실가스 방출량의 4분의 3을 뿜어내고 있다. 각종 온실가스 발생 원인들이 있지만, 소와 양 등 축산으로 인한 방출이 최근에 와서 더 심해졌다. 그로 인한 토지의 상실과 수림의 파괴와 소멸은 지구적 규모의 대재앙으로 이어지는 것이 아닐까 우려를 낳고 있다.

이는 단순히 자본주의냐 사회주의냐, 개인주의냐 공동체주의냐의 문제 차원이 아니다. 연기적 진실을 외면한 모든 주의·주장과 시스템의 귀결이다. 누군가는 이를 두고 이렇게 말했다.

---

• 2015년 6월에 발표한, 기후 변화의 심각성에 대한 가톨릭의 '사회 회칙'을 참고했다.

"인간 없는 생태계는 건강할 수 있지만, 건강한 생태계 없이 인간은 살 수 없다"_가레트 하딘 Garrett Hardin

"사회주의가 무너진 것은 시장이 '경제적 진실'을 말하도록 허용하지 않았기 때문이다. 자본주의 또한 시장이 '생태적 진실'을 말하도록 허용하지 않으면 무너질지도 모른다."_오이스타인 달 Øystein Dahle

에너지 수요 감소를 위한 생활양식의 개선과 원자력 발전 시설의 단계적 감축의 필요성에 대해 언급하고자 한다. 태양에는 핵융합과 핵분열이 일어나고 있는데, 그것이 보호막의 역할을 하는 대기권이라는 매개 없이 바로 직접 지구에 영향을 준다면, 지구에는 생명이 살 수 없게 된다. 그렇게 무서운 원리에 의해 작동되는 것을 이 땅에다 옮겨놓은 것이 원전이다. 원전은 방사능은 물론이고 폐기물의 처리와 보관 문제 또한 심각하다. 아무리 안전시설을 만들고 땅속 깊숙이 보관 장소를 마련한다고 해도 지진, 쓰나미, 화산 대폭발, 핵전쟁 등 천재지변과 예상을 뛰어넘는 대붕괴를 완벽하게 대비하고 예방할 수는 없다. 원전사고가 나면 수습과 회복은 불가능하다. 인간이 편리와 욕구 충족을 위해 이러한 위험을 감수한다는 것은 매우 어리석은 일이다.

그런데 여기서 우리는 일을 해결하는 데 순서가 있음을 생각해야 한다. 위험을 줄이거나 없앨 생각은 하면서 에너지 소비를 줄이거나 생활양식을 개선할 의향이 없다면, 그것은 모순이고 본말전도의 태도다. 위험에 대비하는 일의 순서는 먼저 에너지 소비를 줄이는 방향으로 삶의 기술을

2 • 인류세 시대, 불교의 의미

바꾸는 것이다. 이는 문명의 전환을 시작하는 일이다.

불교인은 자연의 풍성함과 다양성이 주는 혜택을 통해 더 아름답고 행복한 삶을 누릴 수 있는 길을 모색해야 한다. 인공적인 에너지에 덜 의존하는 방식으로 생활을 개선하는 데 앞장서야 한다.

## 생태 위기에서 본 불교의 의의와 역할

물질 문명의 발달은 지구 끝까지 야생을 몰아붙여, 더 이상 야생은 야생으로서 존립할 수 없는 지경에까지 이르렀다. 모든 것, 모든 세계가 인류의 문명이라는 집, 그 집의 관리와 통제 안에 포획되어버렸다. 이제는 바깥이 없다. 출가의 길이 막혀버린 시대가 된 것이다. 모든 것이 문명과 집안의 일이 되어버리고 만 지구적 관리·통제의 시대가 바로 현대라는 생태 위기의 시대다. 현대적 의미에서의 외부화와 야생의 회복을 강조하는 관점에서 보면, 가장 진보적인 것이 불교라고 말할 수 있다.

그러나 그렇다고 섣불리 근본주의적 복원(복고)주의나 과격한 급진주의의 기치를 내세우며 성급하게 그러한 원인을 제공한 모든 것을 중단하려 하거나 없애려고 한다면, 또 하나의 큰 불행을 자초하는 일이 되고 만다. 지구적 생태와 환경 위기 앞에서 인류는 이제 단순히 '인간 대 자연'의 관계만으로 문제를 풀어갈 수 없다. 지구적 위기의 원인을 인간의 욕망이나 물질문명의 탓으로 돌리는 잘못된 환원주의적 관점을 넘어서야 한다.

욕망이나 물질에 모든 책임을 전가한다면, 생명체의 물질적 요소인 신체의 생리적·존재론적 욕망이나 자연과 에너지의 물질 내지 물질대사조차 문제 삼는 결과가 되어 삶 자체를 부정하는 자가당착적 모순에 빠지고 만다. 정신이든 물질이든 언제나 지나침과 모자람의 문제가 있는 것도 사실이지만, 그보다 올바른 안목과 통찰을 갖추는 것이 필요하다.

그것은 인간과 자연 사이에 권력과 자본력 그리고 여러 사회 세력이 있다는 사실을 인지하는 것에서 시작한다. 누구도 그러한 존재들의 개입과 작용이 막강하다는 사실을 부정하지 못할 것이다. 관리와 통제, 이용과 조종 등 인간과 인간의 관계가 여러 가지 규모와 범위에서 다양한 차원과 형태와 방식으로 실제로 개입돼 있고, 그와 관련한 구조적 문제가 깊이 깔려 있다는 현실 인식이 있어야 한다. 그뿐만 아니라 의식과 제도 면에서 아직도 인간 이외의 타자에 대한 배려는 극히 미미하고, 강자와 기득권 중심이나 편파적 권익 중심으로 소외를 발생시키는 소유론적 지배 형태의 노선이 주류를 이루고 있는 사실도 알 필요가 있다.

불교는 오랜 인류의 꿈인 '순수 증여와 자발적 호수성의 정신'을 부활시켜 주류의 도전을 화쟁 정신으로 넘어서고자 하는 종교다. 사적 소유와 이해 교환의 차원을 현실의 한 층으로 인정하고 적응하면서도 동시에 그 표층적 현실에만 머물지 않는 종교다. 자율적 풍토 위에서 자발적인 의사로 사회 저변의 공감대와 심층의식 차원에서 무주상 보시의 정신을 확대·발전시키려는 종교다. 그러한 노력이 사회 구성원들로 하여금 공용

경제의 가치와 편익을 인식하게 하고, 나아가 저소유와 무소유의 이상을 자각해 정진하도록 북돋는 종교다.

이러한 불교 정신과 사상을 실현해갈 수 있도록 하는 것이 오늘날 불교인의 최대 과제다. 불교인의 길은 어디까지나 자유에 기반을 둔 자각의 길이며, '생동하는 화쟁'의 길이다. 자각과 화쟁은 의식 개혁과 사회 제도 개선이 둘이 아니라는 관점에서부터 출발한다.

지금까지 언급한 생태 위기 시대의 문제점을 요약·정리하자면 이렇다. 야생을 잃는다는 것은 인류의 시심詩心과 꿈을 잃는 것이고, 모든 생명이 관리와 통제 속의 삶을 살 수밖에 없는 길로 간다는 것이다. 더욱이 핵전쟁이나 대형 원전 사고 같은 대재앙이 덮친다면, 쓰레기더미로 뒤덮인 허허벌판 위에 바퀴벌레와 벌거숭이 두더지만이 가득한 세상으로 변하고 말 것이다. 야생이 없으면 모든 곳이 문명의 내부로 포획되어 지구 끝까지 인공 건조물로 채워질 것이다. 그렇게 되면 이제 집을 떠나 순수한 야생의 세계로 갈 곳이 없어지고 출가는 의미 없게 된다. 더욱이 그 집이 사회와 시장의 배치하에 조건화되고, 각종 편의시설이 내장된 온실처럼 변한다면 출가는 출가가 아니게 된다. 야생이 죽어가면 불교도 죽어갈 것이다. 야생을 살리는 만큼 불교도 진흥될 것이다. 불교의 정신과 사상을 통해 야생을 다시 살려야 한다.

3.
알고리즘 시대의 새 항로

# 주류 프레임 속에서 다시 살아나는 붉교

●
○

## 동일화의 전체론적 사고

채집·수렵 시대는 씨족 또는 소규모 부족 사회로서, 조직화가 별로 진행되지 않은, 구성원 간에도 대체로 평등한 사회였다. '유동적 무의식'에 의해 자연과 인간, 인간과 인간의 사이에 그런대로 미묘한 대칭과 균형을 유지해가던 시기였다. 그러다가 쟁기와 같은 도구를 사용하는 농경 시대로 접어들면서, 생산기술의 비약적 발전과 더불어 생산량이 늘어남과 동시에 생산관계도 변화했다. 잉여수확물의 증가로 부를 축적하는 부류가 나오고 생산의 효율을 위해 조직이 구성되고 그 조직을 지휘·감독하는 계층이 생겨났다. 바로 이 시기가 교묘한 사고의 틀이 만들어지는 때였다.

조직화가 되기 전 인류는 저 아득히 높고 광활한 밤하늘에 반짝이는 무수한 점이 무엇이고 멀리 지평선 너머에는 어떤 곳이 있는지 도무지 짐작할 수 없었다. 먹구름과 비바람이 천지를 휘감고 번갯불과 뇌성벽력이 금방이라도 천지를 무너뜨릴 듯할 때는 불안과 공포로 숨을 죽였다. 이런 시대에 이루어진 대규모 수리·관개 사업과 농산물 생산의 획기적 발전은 그 자체가 놀라운 천지개벽이었다. 수렵과 채집의 삶터였던 넓은 초지와 울창한 숲은 경작지로 바뀌었다. 그전까지는 생각조차 못했던 대규모 영농이 가능하게 되면서 일부 사람들은 천지창조와 운행의 이야기를 만들어내기 시작했다. 마치 없는 데서 있는 것을 창조하듯, 새로운 세상을 연출한 무리 중 어떤 부류는 샤먼과 신관을 자처해 주술과 제사를 만들었다. 그들이 하는 말은 하늘의 소리였다. 위대한 광경을 보여주며 천지창조와 운행의 비밀을 풀어주는 그들 앞에 보통 사람은 그저 고개를 끄덕이고 머리를 조아릴 수밖에 없었다. 마치 '무에서 유를 창조'하듯이 내세우는 원리, 첫 번째 프레임이 생겨났다. 동시에 두 번째 프레임은 거기서 자동적으로 나왔다. 위대함과 평범함, '분리와 비대칭 세계'의 개시였다. 이제 분절이 생기고 차별적 분류 의식이 형성된 것이다.

이전까지의 자연은 있는 그대로의 대지였고 자연이었다. 어떤 풀 같은 것, 어떤 나무 같은 것이 가득 모여 있는 곳, 그리고 거기서 움직이며 살아 있는 어떤 동물 같은 것은 있어도, 자연이며 땅이며 하늘같은 추상적 개념은 아직 분명하지 않았다. 그저 눈앞의 초지와 숲은 여기저기 한없이 전개되어 있었고, 비록 변화무쌍한 날씨로 인한 불안과 공포로 어려움은 있었지만 대지는 풍요로웠고 스스로의 능동적 활동으로 먹고살 수 있다는 예측과 전망을 할 수 있었다. 그런데 이제는 특별한 위인들이 하늘과 통해 비를 부르고 바람을 일으키는 엄청난 일들을 벌여놓는 것이었다. 세 번째 프레임, '자연의 정복과 다스림'의 프레임이었다.

이런 기적들을 행하는 위인들의 생각은 자연을 바라보는 태도와 관점이 달랐다. 이들에게 '있는 그대로의 자연'은 풍요로운 것이 아니었다. 자연은 잘 다스려야 풍요로운 것이 되는 대상이었다. 그러므로 일을 조직하고 지휘하며 감독하는 그들의 방침대로 따르는 것이 풍요롭고 행복하게 사는 길이었다. 대세는 엄중하고 가열하여 항거하거나 이견을 달 엄두조차 낼 수 없는 사태로 급속하게 발전했다. 아직 권리에 대한 인식조차 제대로 없던 사람들은 수리 사업과 각종 토목·건설 공사를 위해 동원되었고, 그들의 땅과 시간과 에너지는 빼앗겼다. '젖과 꿀이 흐르는 낙원'으로 인도할 자들이 세상의 원리를 주입하는 대로 전개되었다. '지금 여기는 아직 모자라고 불행하며 나중의 저곳은 낙원'이라는 네 번째 프레임은 저절로 뇌리에 굳어졌다. 이제 사회와 낙원의 동시 조직화를 위한 기본 프레임이 짜인 것이다.

이와 함께 내부의 결속과 공고화를 위함과 동시에 외부에 대한 배척과 적대의 구도도 짜여갔다. 왕의 탄생은 하늘이 내신 궤도로 착착 준비되고 있었다. 다섯 번째 프레임이 하늘의 뜻과 땅의 해석의 합작에 의해 형성되는 것은 아주 당연한 귀결이었다. '지배와 피지배, 내부화와 외부화'의 틀은 군장국가의 탄생과 함께 더욱 공고히 되었다.

하늘의 뜻과 땅의 해석은 신탁에 의해 왕으로 군림하는 과정에서 온갖 신화와 전설로 굳어졌다. 그때부터 신의 은총과 왕의 은혜는 기도와 감사, 숭배와 충성의 결과가 되었다. 보통 사람의 안위와 생존은 오직 신과 신의 대리인, 그리고 신수神授에 의해 만물에 대한 지배권을 장악하게 된 통치자에게 복종함으로써만 보장될 수 있었을 뿐, 결코 보통 사람의 능동적인 의지와 노력에 의해 달성될 수 있는 성질의 것은 아니라는 생각이 공고화되어갔다.

그리하여 신전은 장엄하고 화려해지며 신관과 신의 대리인의 권세는 입으로는 하늘의 영광과 위엄을 위해, 실제로는 그들의 일상이 영광과 위엄과 풍요로움으로 넘쳐나는 방향으로 번창해갔다. 반면에 보통 사람과 순진한 구도자들은 '가난한 자는 하늘에 복을 쌓으며 내세는 그들의 것이라는 말씀'을 믿음으로써 위안과 희망을 얻고, 무거운 짐을 견디는 당나귀처럼 이 세상의 삶을 숙명으로 받아들였다. 역사의 주된 흐름을 볼 때 사대 문명의 발상지에서 일어난 다신교와 일신교가 이끄는 세상은 모두가 거의 동일한 패턴을 보인다. 다만 그런 시기에도 소수의 물결은 있었다.

**주류와 비주류**

대세를 장악한 프레임들은 그 후 르네상스와 종교개혁을 거치며 상당한 변화를 겪고 합리주의와 인문주의적인 근대화 과정을 통해 약화되기는 했지만, 지금도 지구상의 수십 억 인구 사이에서는 통용되는 프레임이다. 이러한 프레임은 기득권 질서의 강화를 위해서 여전히 활용되고 있다. 지역의 선·후진을 막론하고 인구에 회자되는 그 숱한 왕자와 공주의 이야기들, 그리고 '위대한 지도자는 하늘이 내신 것' '통치자를 보우하사 이 땅에 평화와 번영을 이루게 해달라'는 말들이 공식 모임에까지 등장하는 걸 보면, 아직도 이러한 프레임의 관성이 단단히 의식 속에 뿌리내리고 있음을 알 수 있다. 현대에도 같은 프레임에 갇혀 있는 것이다. 이러한 관성적 사고는 지성인들의 이론이나 주장에서도 드러난다. 그들은 지배와 피지배, 지도와 추종, 그리고 진정한 세계와 가상 세계 등의 이분법적 프레임을 교묘하게 짜고 엮어서 기성의 질서로 구현했다. 분리와 지배의 원리는 권력의 필요악을 합리화하여 세계사의 주류를 형성했다. 서구 정신사에서 모범적 민주 정치의 원류로 간주되는 그리스 아테네의 민주 정치, 이른바 페리클레스의 황금시대부터 지배와 피지배는 기본적으로 흔들리지 않는 주류 프레임이었다.

그러나 소크라테스 이전부터 소아시아의 이오니아Ionia 지역에서는 '무지배無支配의 사상'이 실현되고 있었다. 이오니아의 자연철학에 근원을 둔 '이소노미아isonomia(그리스어로, 신체 내부 요소들 간의 균형을 의미함)'가 그것이었다. 이소노미아는 원래 자연 자체의 성질에서 유래한 생각이었다. 건습, 온냉 등 대립적이고 상극적인 여러 요소 사이에 균형이 이루어질 때 자연도 신체도 건강성을 유지하는데, 어느 한 요소가 일탈하여 비대칭의 불균형에 이를 경우 자연과 신체는 병을 얻고 쇠멸을 겪는다는 사상이었다. 이런 생각은 본토의 차별적 계층 사회의 공기를 혐오한 사람들이 교역과 거래의 자유를 찾아서 이주한 자치 지역인 이오니아였기에 가능했다.

아테네는 민주정 시대에도 평민과 귀족과 참주들이 노예와 이방인을 차별했던 반면, 이오니아는 대등한 지위의 상인 간에 자유와 질서를 유지하는 자율이 이루어져 노예와 이방인을 차별하지 않았다.

아테네를 조국으로 택해 죽은 소크라테스Sōkratēs도 실은 이오니아 출신이었다. 소크라테스는 이소노미아의 사상과 내면의 '다이몬daimōn'의 소리를 따르며 정의 실현을 위해서는 아테네 도시국가의 공적 지배 체제와 질서 속에 편입되기보다 개인 소크라테스로 살기를 일관하려 했던 인물이었다. 말하자면, 지배 체제의 공인이 아니라 사인으로서 자유롭게 행동하고 처신하는 것이 정의의 원칙과 실현 방법에 맞는 것이라는 신념을 가지고 있었다. 이런 관점에서 대大소크라테스학파에 속한 플라톤과 아리스토텔레스Aristoteles보다 소小소크라테스학파에 속한 안티스테네스Antisthenēs와 디오게네스Diogenēs가 소크라테스의 진정한 제자라고 할 수 있다.

플라톤은 아테네 민주정의 타락상을 개탄하며 이상국가론과 철인 정치를 설파하기 위해, 사실은 소크라테스의 이소노미아의 신념과 이미지를 나름대로 활용한 것이었다. 플라톤은 결코 무지배 사상가가 아니었다. 끝까지 지배 계층의 존재와 이중 세계(이데아와 현실 등)의 신봉자로서, 이 점에서는 그의 스승과는 정반대였다.

바티칸에 있는 벽화 〈아테네학당〉은 그런 의미에서 주류 프레임의 대표격인 두 사람을 내세운 것이다. 화이트헤드가 "서양철학은 플라톤의 주석사"라고 한 것처럼, 서양사의 주류 프레임은 플라톤의 사고와 아리스토텔레스의 해석과 이론을 통해 확립된 기독교 중심의 형이상학과 신학, 그

주류 프레임 속에서 다시 살아나는 불교

리고 그 주변의 사상이라고 해도 과언이 아니다. 서양사는 이와 같이 주류 프레임을 통해 문제를 만들고 문제를 제기하고 또 그 답을 구하는 과정의 반복이었으나, 실은 근본적인 해결을 방치하여 문제를 산적해온 역사다. 기독교적 세계관이 신을 정점으로 받들며 이중 세계의 관념과 지상에서의 지배와 피지배 사상으로 뭉쳐져 있다는 점에서 그리스, 로마, 이집트 등의 다신교 전통이나 범아일여 사상과 카스트를 신봉하는 힌두교적 전통도 그와 큰 차이가 없었다.

그런 기성의 닫힌 사고와 기득권 질서에 의문을 제기하고 다른 목소리를 내는 흐름과 새 물결이 도처에 있어 왔으나, 주류의 고삐를 쥔 지배 기득권층이 오랜 인습과 하위 물질문화에 기반을 둔 전략적 대응을 발휘해 그들의 기조를 고수해왔다. 이제 21세기 신인류·신문명이 일컬어지는 이 시기에도 주류는 큰 줄기는 놓아두고 잔가지만 쳐내면서 나아갈 것이냐, 아니면 문명의 전환에 비견될 정도의 '사고의 대전환'을 결행할 것이냐의 기로에서 아직도 좌고우면左顧右眄하고 있다.


## 신 없는 새로운 사유의 탄생

이오니아의 자연철학과 이소노미아가 인간 중심의 자유와 개별적 향유에 기초한 견제와 균형의 무지배 사상이었으나, 그것이 신 관념을 완전히 떠난 것은 아니었다. 인격신을 받든 것은 아니었으나, '자연=신'이라는 관넘을 바탕에 깔고 각자의 내면의 목소리에 귀를 기울이며 절제와 평정심에 의거해 행복을 추구하는 삶을 최선으로 여겼다.

원자론자 에피쿠로스Epikuros와 데모크리토스Dēmokritos나 그 후의《사물의 본성에 관하여De rerum natura》를 쓴 유물론자 루크레티우스 같은 사상가들은 별도로 하고, 17세기의 스피노자와 근대 이후의 베르그송, 화이트헤드, 하이데거 같은 비주류 사상가들도 대부분은 신 관념을 완전히 무시한 것은 아니었다. 니체가 선언한 "신은 죽었다"는 말도 '서양 세계의 주류가 받들던 가치기준으로서의 신은 죽었다'는 의미로 해석되며, 또 하나의 '영원의 철학' '힘에의 의지와 초인의 삶'을 외친 것으로 보아 신 관념의 잔재가 남아 있었다고 볼 수 있다.

그런데 기원전 오백 년경에 오랫동안 환상의 동아줄에 매달려 살아온 세월을 넘어 '신 없는 세상의 진실을 있는 그대로 알리자'며 획기적인 '총합적 현실 교육'을 역설한 혁명적 선언이 나왔다. 의식과 무의식의 분간은커녕 관념조차 짐작할 수 없던 고대에, 이미 유식사상唯識思想의 기초를 포함하여 존재의 총체적 현실과 언어와 개념의 도단途斷까지 설파한 새로운 사유의 사상가 고타마 싯다르타가 나타난 것이다.

히말라야의 한 줄기에서 태어난 그는 문명과 야생, 인간과 자연, 그리고 너와 나와 그들이 둘이 아님을 깨닫고 동서 문물의 교차와 융합의 가능성을 내다보며 새로운 기치를 표방했다. 세간에서 '붓다'라고 불리던 그는 스스로 진리의 소유자라거나 자기를 믿고 따르라고 말한 적이 없다. 오히려 그 반대였다. 그는 기존 질서와 관념이 아직도 수많은 사람의 사고를 지배하던 때에, 모든 존재의 속박과 공포로부터의 자유를 위해 민중 속으로 들어갔다. 그리고 '자연=신'의 등식과 이중 세계의 관념, 지배와 피지배 및 전체와 개체의 이분법을 뛰어넘어, 존재의 무자성과 공성空性, 무아와 자유, 생명의 존엄과 평등, 완전한 무지배, 위계질서의 타파 등을 설파했다.

붓다는 서양의 전체론적 동일철학의 존재론과 형이상학적 전통에 비추어보면 분명히 비주류에 속한다고 볼 수 있으나, 선사 시대를 포함하여 인류의 지나온 발자취 전체를 놓고 보면, 주류와 비주류의 이분법으로는 결코 범주화가 될 수 없는 존재였다. 붓다는 분별 의식의 형성 이전 석기 시대에 형성된 대칭적 무의식과 그 대칭적 요소들 간의 둘 아닌 관계에 주목했다. 이런 점에서 불교는 '둘 아닌 관계에서 유동하는 마음' '심연의 무의식으로 미묘한 동태적 균형을 유지할 수 있었던 야생의 사고'를 다시 살려낸 사유라고 할 수 있다.

그가 부활시킨 야생의 사고를 통해, 당시로서는 획기적인 자유와 평등과 평화공존의 세상을 지향할 수 있는 사유의 계기를 맞이했다. 그때까지 비대칭적 프레임의 틀에 갇혀 있던 보통 사람의 머리와 가슴에 자유와 해방의 세계로 통하는 길을 열어준 것이다. 그러나 그 시대 사람들에게도 그들 나름의 역량과 한계와 이불리利不利가 있고 이언離言과 의언依言의 여러 갈래가 있기 마련이므로, 풍향과 대세에 따라 변하는 물결과 흐름은 어찌할 수 없었다. 그리하여 불교도 시대의 부침을 겪었다. 오랜 문명사적 교류와 변용의 과정을 거치며 핵심과 주변의 혼융과 치환도 빈번했다.

그러한 불교가 이제 21세기를 맞아 현대 인류에게 '깊고 넓은 몸과 마음'의 '하나도 아니고 둘도 아님의 관계'에 대한 자각을 일깨우며 다시 살아나고 있다.

인류는 때로는 정신과 관념에 지나치게 기울고 또 때로는 물질과 신체에 치우쳐 우여곡절의 세월을 거치면서, '몸과 마음'의 분별은 철학적 과잉 주장임을 인식하고 '둘이 아님의 차원이 가능함'을 깨닫기 시작했다. 어느 것이 먼저고 나중인가의 시비분별은 데카르트적 심신이원론의 구분법에 빠져 '선형론인가 아니면 순환론인가'의 프레임 속에 갇힌 생각이었던 것이다. 편의상 유동적 지성 또는 대칭적 무의식이라고 불리는 기층무의식은 신체에 속한 것이라고도 정신에 속한 것이라고도 단정할 수 없다. 우리는 이를 '깊고 넓은 몸'이라고 부르고 있다.

# 현대 인류의 마음은 어디로 향할 것인가

○

뇌과학의 한쪽에서는 '마음은 없으며, 인간의 본질은 뇌에서 일어나는 전기화학적 작용으로 규정된다'고 주장하고 있다. 그런데 그 전기화학적 반응의 세계는 지극히 복잡해 알기 어렵다. 기억을 관장하는 뇌 속의 신경세포만 해도 1,000억 개 정도로 추정되는데, 그 신경세포들이 서로 만나는 조합은 약 100조에서 1,000조 개가 될 만큼 무궁무진하기 때문이다. 그렇게 크게 격차가 벌어지는 추계推計라면, 그만큼 모르는 것이 많다는 것이다. 앞으로 조금씩 밝혀지겠지만 뇌과학과 생명과학의 방향이 어디로 향할지 아무도 단언하기 어렵다.

진화생물학이나 신경생물학의 한쪽에서는 뇌를 포함한 기관과 세포 조직 간에 또는 생체의 내·외부 간에 상호 작용이 일어난다고 주장하고 있다. 예컨대, 대장에 모여 있는 자율신경계의 상태와 변화가 뇌에 상당히 영향을 많이 미친다는 것이다. 실제로 다른 장기 또는 세포 조직의 상태가 감정의 변화를 일으켜 관심과 판단 등 뇌의 기능에 상당한 영향을 끼치는 경우가 있다. 또한 뇌의 유연성과 가소성可塑性으로 말미암아 자유로운 명상 수행, 사회적 유대관계를 통해서도 뇌의 변화가 일어날 수 있다.

기지既知는 미지未知라는 바다에 비하면 물방울에 지나지 않는다. 과학적 자세로 사물을 보는 것이 매우 중요하다고 할지라도, '뇌의 전기화학적 작용 이론'이나 '뇌물리주의'로 인간의 본질까지 규정하는 건 과학의 철학적 과잉 주장이다.

불교인들은 인간의 의식과 무의식을 모두 포함하는 총체적 의식이 표층의식에서는 개별의식이지만, 심층의식에서는 서로 연결되어 있다고 한다. 그 심층의식의 근원적 심연을 꿰뚫어 보고 '우주적 일심'을 말하고, '생멸심生滅心과 진여심眞如心이 둘이 아니고 하나도 아닌 우주적 일심의 양면'이라고도 말한다. 원효元曉는 그의 《금강삼매경론金剛三昧經論》 서론에서 '한마음으로서의 일심'을 이러한 뜻으로 말하고 있는데, 벨기에의 동양학자 로베르 랭센Robert Linssen은 이를 '우주적 마음Le Mental Cosmique'이라고 부르고 있다. 종교 예술인류학자 나카자와 신이치도 '신석기 시대부터 지금까지 인류의 마음 심연에 흐르는 무의식이 생명체 상호 간 또는 인간과 자연 간의 대칭적 관계를 이루는 원천이라는 사실에 주목해 '대칭성 무의식'이라고 명명했다. 그는 이를 억압 기제에 의해 설명하는 프로이트식의 무의식과 구별하기 위해 그냥 '마음'이라고 말하기도 하고, 때로는 '기층무의식' 또는 '유동적 지성'이라고 부르기도 한다.

유동적 지성은 탈영역성, 고차원성, 대칭성 등의 특징을 갖고 과거-현재-미래라는 시간 계열을 모른다. 여기서는 자기와 타자의 분리가 일어나지 않아 경계를 무시하고 개체들이 서로 연결되는 유동적 횡단이 발생한다. '나의 무의식' '내 생각'이라고 할 게 없다. 꿈에 얼토당토않은 일들이 제멋대로 일어나고, 생시에도 온갖 생각과 망상이 도깨비처럼 나타나고 구름처럼 떠다니는 이유도 여기에 있다. 《불반니원경 佛般泥洹經》에도 "마음이 사람을 따르게 할지언정 사람이 마음을 따르게 하지 말라. 마음은 사람을 하늘도 되게 하며 축생도 되게 하기 때문이다"라는 말이 있다. 기층무의식의 성질에 비추어보면, 이것은 매우 자연스러운 현상이다. 이런 자연스러운 의식의 움직임이나 생각들을 억지로 어디로 몰아가려 하거나 어디에 붙들어 매려고 통제하는 것 자체가 자연을 거스르는 일이다. 그러므로 그런 것이 잘 될 리 없다. 보조국사 普照國師의 가르침에 '작임지멸 作任止滅(어떻게 해보려고 만들고 내맡기고 멈추고 없애려 하는 마음의 움직임들)' '모두가 참선의 병통'이라는 말씀이 있다. 마음을 따를 수도 없고, 사람을 따르게 하는 것도 늘 병통이 따르니 참으로 난감할 일이다.

나카자와 신이치는 그의 《대칭성 인류학 對称性人類学》에서 이렇게 역설한다. "이 유동적이고 대칭적인 무의식은 곧 마음의 작용을 낳는 '자연'이다. 형이상학화한(현대의 비대칭적) 세계를 다시 한 번 대칭성 무의식의 작동에 의해 '자연화'할 필요가 있다. 자연을 억압한 일신교의 신을 자연에 접합해갈 때, '신즉자연 神卽自然'이라는 스피노자식의 개념이 새롭고도 생생한 모습으로 되살아날 것이다."(2005, 동아시아, 225, 323쪽 참조) 이것은 신과 자연·생명체, 인간과 동물, 자기와 타자 사이에서 온갖 조작과 억압으로 형성된 비대칭성을 알아차려서 균형을 찾아가자는 뜻이다. 즉 신석기 시대 신화의 철학적 함의含意를 재조명함과 동시에, 심층의식의 재발견으로 깨달은 대칭적 기층무의식, 즉 유동적 지성을 통해 현대적인 맥락과 지평 위에서 새롭고도 다양한 대칭적 관계를 이루어 나가자는 것이다.

표층의식의 비대칭적 사고와 논리는 의식의 심화나 공감 능력의 향상보다는 지능에의 편중과 인공지능의 고도화를 가져왔다. 최근 이러한 기술들은 사물인터넷 및 빅데이터 산업과의 결합으로 나타나면서 여러 가지 복합 산업을 쏟아내고 있다. 세계적 차원에서 얽히고설킨 전자적 관계망은 '지구 범위를 넘어서는 초거대 알고리즘의 지배체제'로 발전하고 있다. 이것을 하나의 가능성으로서 받아들이고 그에 걸맞은 새로운 방식으로 대처해야 하지만, 지도 계층을 포함해 많은 사람이 대개 기존의 패러다임과 사회시스템 속에서 생각하고 행동한다. 역사적·사회적 무의식, 이를테면 사회 제도와 문화적 매트릭스의 지배를 받는 것이다. 분망한 가운데 너무나 많은 정보가 연일 범람하는 상황에서 정보를 선별적으로 수용하는 것 자체가 어렵다. 그리하여 점점 더 '빅데이터 시스템'에 의존하려는 경향이 높아져 가고 있다. 그런 추세는 기계에 의한 '비의식적 고도 지능의 알고리즘'을 한층 부추길 것이다.

자유 기술인본주의에서 활생 인류책임체제로, 다시 활생 위주의 고도 AI 시스템 융합체제로 나아갈 수 있을까?

인간의 표층의식과 그것에 의거한 자유의지의 착시 현상 그리고 소유론적 욕망이 주도하는 '인간 중심의 인본주의'는 두 차례 세계대전과 사회주의의 몰락을 계기로 이미 지도력을 잃었다. 그리고 정보화 혁명이 선도한 급속도의 기술 발전은 인간우월주의와 위계적 생물분류체계에 집착하던 타성에 새로운 추동력을 더해 '기술 중심의 인본주의'로 이끌었다.

그러나 기술 중심의 인본주의는 자연을 비롯한 타자들에 대한 지배체제를 유지·강화하는 연장선상에 있다. 기술의 영향과 지배가 인간이 제어하고 조절할 수 없는 차원으로까지 확장되고 심화되면, 그리하여 기술 스스로의 학습과 확장 능력이 인간의 능력을 넘어서게 되면, '인간의 기술에 의한, 인간에 대한 기술의 지배체제'의 사태를 초래할지도 모른다. 그리하여 인간의 지배와 수탈을 문명과 문화라고 강변하던 연장선상에서 기술지상주의가 인본주의 자체를 완전히 대체할 것이다. 한동안 전성기를 구가하던 기술 중심의 인본주의의 시대도 머지않아 저물어갈 것이다.

아직도 인류는 인습적 사고와 타성에 얽매여 캄캄한 터널 속을 대낮같이 밝히면서 질주하고 있다. 인류는 지난 역사적 도정에서 여러 차례 길고 암울한 터널을 지나왔다. 이번에는 과연 어떤 태도와 방식으로 통과할 것인가?

유발 하라리Yuval Noah Harari는 그의 저서 《21세기를 위한 21가지 제언21 Lessons for the 21st Century》에서 자신의 경험담을 빌려 명상을 말하고 있다. 그는 현대적 대처 방법을 강구하기에 앞서 '우리 스스로의 몸과 마음이 무엇을 어떻게 느끼고 움직이고 있는가를 면밀히 알아차리는 것이 필요하다'고 말했다(2018, 김영사, 404~481쪽 참조). 붓다의 핵심 사상과 관대한 정신을 지침으로 삼아 자기중심성을 벗어나 길을 개척해 나가도록 노력하자는 것이다. 그러한 노력의 과정이 있다면, 아무리 긴 터널이라도 머지않아 터널에서 푸른 하늘이 보이는 자연의 세계로 나오게 될 것이다.

다시 한 번 현재의 발밑을 보자. 한쪽에서는 인간 마음의 심연에 깊고 도 넓은 '무경계의 심층무의식'이 있어 개체와 개체, 생명과 생명의 경계를 넘나들고 횡단하며 유동한다고 했다. 이 심층무의식을 불교학자 한자 경은 그의 저서 《심층마음의 연구》에서 '심층마음' 또는 '공적영지空寂靈知'라고 했다(2016, 서광사, 70, 87, 124, 200, 445쪽 참조). 다른 한쪽의 생명과학은 '인간의 마음이란 뇌와 몸에서 일어나는 고도의 복잡 미묘한 전기화학적 또는 생화학적 알고리즘'이라고 했다. 아직 그 메커니즘의 전모에 대한 완전한 설명에까지 이르지는 못했지만, 감각과 반응, 감정의 발로와 의사 표시, 행동의 패턴 등에 대한 정보와 자료들을 대량으로 수집하고 분석해 그것을 근거로 마음을 인식하고 판단할 수 있는 단계로까지 나아가고 있다고 주장하고 있다.

전자는 후자가 아직도 뇌의 전모에 대한 지식이 그 빙산의 일각에도 미치지 못하는 단계에서, 1,000조 개 이상의 신경세포의 조합과 패턴의 무수한 가능성에 대해 극히 일부분만을 인식하는 수준으로는 마음의 본질까지 규정할 수는 없다고 비판한다. 후자는 전자가 비록 심층무의식을 통해 개체와 개체, 생명과 생명의 연결 관계를 어느 정도 인정한다 하더라도, 그런 추상적인 이해만으로는 구체적인 작용과 영향력을 파악할 수 없어 현실적인 접근 방식이라고 말하기는 어렵다고 비판한다.

이 두 가지 지점 사이에 연결점이나 통로가 있다면 희망은 있다. 빅데이터 시스템이나 인공지능 로봇에게 휘둘리지 않고, 관념적이고 공소空疏한 영지주의靈知主義적 신비에 빠지지 않기 위해서는 그 접점 사이의 연결점과 통로를 어떻게 파악하고 어떤 태도와 각오로 임하느냐에 달려 있다.

하이데거는 인간의 존재 근거 상실을 서양 문명의 근본적 문제라고 지적하면서, 기술문명에 휘둘리지 않기 위해서는 기술이 이끄는 대세에 대한 초연한 '내맡김Gelassenheit'의 자세를 취할 것을 당부했다. 이 말에서는 '초연할 수 있어야 한다'는 의미와 '과학기술 발전의 흐름을 받아들일 수밖에 없다'는 의미가 둘 다 읽힌다. 이것은 위에서 두 가지 사이에서 접점을 찾아보자고 말한 취지와 일맥상통한다.

하이데거의 말을 쉽게 이해하자면, 존재의 근원을 회복하기 위해 존재의 근거와 의미를 찾는 것이 필요하다는 것이다. 여기에 붓다의 말씀과 심층마음의 연구가 기여할 것이다. 그다음으로는 자연스러운 기술문명의 흐름을 수용하여 생명들 간의 조화로운 삶의 길을 터주는 방식으로 과학기술을 선용하는 것이다. 지구상의 모든 생명과 그 존재 의의를 살릴 수 있는 데까지 최선을 다하는 인간 책임의 길, 즉 활생活生에 대해 인류가 의무와 책임을 다하는 체제를 하이데거는 내다보고 있었던 것이 아닐까?

그럼 불교 사회인들은 마음을 어떻게 보아야 하며, 전기·생화학적 알고리즘의 인식이 굳어가는 현재의 기술문명에 어떻게 대응하는 것이 좋을까? 우선 성찰과 명상을 통해 심층무의식을 발견하고, 이를 의연한 삶의 태도를 견지하면서, 고도로 발달된 지능을 대칭성 세계의 실현을 위한 방향으로 유도할 수 있는 사회 제도를 고안해내야 한다. 그런데 이 말도 아직 너무 원론적이고 추상적이다.

독일의 세계적 신경생물학자 게랄트 휘터Gerald Hüther는 '인간의 뇌는 고정되어 있지 않고 평생 진화한다' '뇌는 상상했던 것보다도 훨씬 유연하며 뇌 발달의 초기에는 훨씬 많은 신경세포가 준비되어 있다' '인간의 표면적 의식은 총합적 의식이라는 거대한 빙산의 극히 작은 일각에 지나지 않는다' '우리는 뇌 전체의 5% 미만의 능력도 발휘하지 못하고 있다'고 말했다. 이는 불교 유식론에서 주장하는 존재 기반의 순수무구식純粹無垢識(아말라식)과 심층의 종자식種子識·저장식貯藏識(아라야식)을 통해 설명되는 여래장如來藏 사상과 상통하는 이야기다. 휘터의 주장의 요지는 '뇌 속의 숨은 잠재력 개발과 복합적 연결망의 발달은 자유로운 분위기 가운데 능동적으로 흥미와 관심을 불러일으키는 분야에서 신나고 열광적인 경험을 얼마나 할 수 있는가에 따라 이뤄진다'는 것이다. 무한 잠재력 개발의 실현에서 인간의 자유 독립적 노력과 사회 문화적 환경을 함께 중시한다. 자유로운 인간의 자발적인 삶, 인간 상호 간 및 자연과의 유대 관계, 즉 '자유와 유대' 모두 중요하다는 것이다.

마음속으로라도 탈속을 향해 진일보해 나아가느냐 아니면 잠정적 생활방식modus vivendi/methodology의 주변에 머무느냐 하는 것은 자유와 유대의 경험이 크게 영향을 준다. 잠재력의 발굴과 개발도 자유와 유대의 경험 속에서 실현되므로, 그것이 충분히 이뤄질 때 비로소 제대로 여래장의 잠재력을 발휘하여 붓다의 가르침 앞에 씩씩하게 나아갈 수 있다.

자유로운 공기 그리고 공감과 유대의 경험에 기반을 둔 진실하고 열성적인 노력의 과정은 더 많은 새로운 신경세포 돌기, 신경세포 접합부 및 회로의 형성으로 이끌고, 거기서 꾸준히 활성화된 뉴런 회로 패턴들만이 각자에게 바람직한 기능적 네트워크로 자리 잡게 한다. 이러한 과정을 통해 다른 약자에 대한 지배와 이용에 의존하던 용렬한 문명에서 벗어나, 자신과 타자, 자연과 생명체의 잠재력을 가능한 한 충분히 발휘하게 하는 '잠재력 발휘의 문명'으로 나아갈 수 있다고 휘터는 희망의 메시지를 전하고 있다(게랄트 휘터, 《우리는 무엇이 될 수 있는가Was wir sind und was wir sein konnten》, 2012, 추수밭, 55~56, 198~223, 224~235쪽 참조).

이 메시지를 독립운동 시절부터 백용성白龍城 선사와 함께 '금강경구국독송대'를 이끌었던 소천詔天 선사의 '활공活功의 새 생각'과 연결하자면, '활공'의 의미는 '생명체 각자가 가진 잠재 역량을 가능한 한 최고도로 발휘하게 하여 공동체에 기여하는 것'으로 해석할 수 있겠다. 이 활공의 정신과 머무름 없는 정진을 골자로 하는 '활생活生의 문화공동체'로 나아가는 것이 우리가 추구해야 하는 길이다.

여기서 다시 한 번 직접 붓다의 말씀으로 돌아가, 붓다의 핵심 사상이 담겨 있다고 하는 《금강경》과 《반야심경》 그리고 붓다의 연기법 사상에 비추어보자. 붓다는 '어떤 것이 마음이다'라고 명제를 제시하는 식으로 마음을 규정한 적이 없다. 《금강경》에서는 '응무소주 이생기심應無所住 而生其心' 등 몇 군데에서 '마음[心]'을 언급하고는 있지만 '마음이 뭐다'라고 정의한 것은 아니다. "마땅히 머무는 바 없이 그 마음을 내라"고 풀이한 것 이상의 설명은 없다. 《반야심경》에서도 그 이름이 '심경心經'이라고 하며 그 속에 마음[心]이 나오기는 하지만 마찬가지다. "오온이 모두 공空하다"라고 하면서 색色이 공하며 "수상행식受想行識도 모두 그와 같다"고 한 것이 있을 뿐이다. 연기법도 마찬가지다. 연기법 자체가 '사물은 이런 것이다.' '본질이 이러하다'는 식의 사유방식을 해체하는 것이었다.

《금강경》에서는 중생을 이해하고, 그 다양성을 인정하며, 자비와 사랑으로 대하고 복덕과 공적을 쌓으라고 말하지만, 그 어딘가에도 결코 머무르지 말라고 당부한다. 누군가 어딘가 머무르면 거기에 머물지 말라고 이르며, 단정하면 단정하는 것을 부수고 규정하면 규정함을 부정하는 이유를 이해하라는 것이었다. 변화하면 변화하는 대로 받아들이며, 공功을 이룬 어떠한 가치와 의미에도 안주하지 말고, 실패하고 좌절하는 순간에도 결코 머물지 말며, 스스로 정진에 정진을 거듭하라고 친절하고 자상하게 당부한 것이다.

진리도, 현상도, 본질도, 개념도, 사상四相을 비롯해 다른 모든 상相도, 과거심·현재심·미래심도, 중생의 마음도, 중생의 제도도 없고, 심지어 '불법도 불법이 아니다'라고 말하며, 그러한 연유를 설명한 것이다. 그리고 이 가르침은 한두 번에 그치지 않고, 누누이 말하고 있다.

그러므로 마음은 어떠어떠한 것이 아니다. 마음이 어떠어떠한지 아무도 모른다. '이만큼 말했으면 어떻게 임하고 어떻게 살아야 하는지 이미 누누이 당부했다'고 하는 것 이상으로 더 할 말은 없다는 것, 그것이 붓다의 가르침이 아닐까 한다.

현대 인류의 마음은 어디로 향할 것인가

# 연기적 관계 속에서
# 정의를 어떻게 찾을 것인가

●
○

붓다는 정도와 정법을 가르친 분이니 분명히 '무엇이 올바른 것이고 무엇이 정의인가'에 대한 해답을 밝혔으리라고 생각할 것이다. 그러나 '불교가 정의의 본질을 어떻게 보고 있는가' 하고 물으면 일반인이 기대하는 대답은 쉽게 나올 것 같지 않다.

사회에서 기대하는 수준의 정의론은 다양하다. 정의가 제대로 구현되려면 법을 만들고 집행하는 '입법부와 정부'의 구성이 사회가 기대하는 원칙과 기준에 맞아야 하는데, 정치의 꽃인 선거판이 시장판을 닮아 있다. 경쟁의 출발선에서 동등하지도 않고, 과정이 공명정대하거나 결과가 합리적이라고 인정하기에는 주저된다. 국가의 주인이라는 국민이 주인 노릇을 하지 못하고 있기 때문이다. 말만 주인이지 자기도 남도 속이고 있다. 일반 국민은 불안정한 생업에 너무나 바쁘고 힘겹고 피로한 데다가, 정치권과 사회 세력들의 조종에 상시적으로 끌려다니기 쉬운 피동적 상태에 처해 있다.

국민을 진정으로 도와주고 안내하며 일러줄 언론, 종교와 지식인 사회도 세상이 오히려 염려해야 할 형편이다. 미디어와 여론 지도층의 태반이 특정 정치 진영들에 편입되거나 영리적 계산에 매몰돼 있거나 양다리를 걸치면서 교묘하게 줄타기하고 있다. 상업 광고와 오락 프로그램은 홍수처럼 범람하는데, 공적인 정보와 의견의 교환 공간과 접근로는 심하게 축소되어 있다. 피곤한 대중은 연예 뉴스나 선정적인 프로그램에 쏠려 심도 있는 해설과 논평, 토론 프로그램에는 관심을 주지 않는다. 고위 공직 사회나 학계와 종교계는 목소리 큰 세력들의 눈치나 보면서 잘못된 미디어와 여론 지도층을 닮아가고 있다. 시민 단체와 종교 집단마저도 이익집단화될 우려를 주고 있다. 간혹 존재하는 비교적 양심적인 인사들이 기득권의 신경에 거슬리면, 작은 문제들을 교묘하게 조작하고 키워 그 힘마저 빼앗아버리기 때문에 남아나지를 않는다. 사회가 이 지경이 되면 외형적·기술적·양적으로 성장한다 하더라도 실질적으로는 발전한 것이라 할 수는 없다.

개괄적으로나마 이런 현실 진단을 하면 다음과 같은 제안을 할 수 있게 된다. 먼저 자신에게 더 정직해야 한다. 국민이 주인이라는 허위의식을 벗어 던져야 한다. 이렇게 하면 최소한 자칭 공복들의 위선과 가면을 벗기는 효과가 있다. 또한 심기일전 각성하여 강력하게 공적 발언과 토론의 공간과 시간을 제도적으로 보장하라고 요구하고 제대로 심판해야 한다. 이런 일을 위해 참여 수당을 요구할 정도로 능동적이고 적극적이어야 한다. 그리고 사회 각 부문의 개선과 발전을 위한 논의와 결정권을 이해관계에 연루된 사람들에게만 맡겨서는 안 된다. 더 많은 사람이 여론 지도층의 역할을 하도록 지속적으로 촉구해야 한다. 종교와 교육자 또는 교육기관 및 학자들을 향해 그 명칭에 걸맞은 역할을 하도록 강하게 촉구해야 한다.

최소한 이상과 같은 자각과 실천이 있을 때 사회가 앞으로 나아갈 수 있고, 그러한 움직임이 실제로 가시화될 경우에 정의가 실현되기 시작할 것이다. 정의를 입체적으로 보아야 한다는 것은 이런 뜻이다. 현실의 단면을 잘라 그것만을 들여다보는 관점의 논의만으로는 의미 있는 결론에 이를 수 없다. 이제 입체적으로 보는 시각의 대표적인 불교적 사유를 들어, 그것이 어떻게 사회에 도움이 될 수 있는지 설명해보고자 한다.

## 평면적 시각과 입체적 시각

사회는 복잡다단한 관계를 전제하기 때문에 사회에서 정의의 기준을 찾아내고 세우는 것은 어려울 수밖에 없다. 그 기준이 애매하거나 추상적이거나 순환론적인 성격을 가지고 있어 따지다 보면, 결국 공허한 결론에 도달하는 경우가 허다하기 때문이다. 결국 현실적으로는 여러 가지 여건을 고려하여 상대주의적이고 다원론적인 정의관으로 절충하기에 이른다. 정의를 동일한 표면 위에서 보는 한 어쩔 수 없다.

비록 붓다라 하더라도 당장 눈앞의 일을 두고, 뭇 사람과 비슷한 차원에서 논하라고 하면 별다른 해답을 내놓을 수 없을지 모른다. 그래서 변화·발전하는 역동적이고 입체적인 과정과 이상을 향해 나아가는 관점에서 바라볼 필요성이 대두된다. 그러나 여기에도 난점이 있다. 엄밀히 말하면, 불교는 바람직한 이상이나 고수해야 할 본질을 꼭 집어서 정의하지 않는다. 이상과 현실, 본질과 비본질을 나누는 것부터가 이미 첫발을 잘못 내딛은 것이라 할 수 있다. 존재의 근거와 무한한 우주 대자연의 실상에 관한 궁극적 사유를 과제로 하는 차원에서는 세속적 사회 문제에 대한 규정을 이끌어낼 수 없다.

그럼에도 불교의 가장 기본적이고 핵심이라고 할 수 있는 이른바 네 가지 진리와 연기법과 공 사상을 기반으로, '있는 그대로의 현실'을 직시하면서 가능한 한 마음을 비우고 사색해볼 필요는 있다. 그렇게 하다 보면 개체와 공동체가 향하고 있는 방향이 과연 바람직한지 판단할 수 있는 근거가 생길 수 있고, 그 과정에서 통용되는 사고방식을 찾아낼 수도 있으며, 그것에 집착하지 않고 열린 자세로 깊이 연구하는 한 변화와 발전을 가로막는 카르마는 되지 않을 것이기 때문이다.

여기서 염두에 두어야 할 것은 불교가 선형론도 아니고 순환론도 아니라는 것이다. 《금강경》에서 보는 것처럼, 불교의 핵심 사상이라고 할 수 있는 연기와 공, 무아의 사유도 궁극적인 차원에서는 그 자체를 어떤 고정된 개념으로 놓지 않고, '정한 법이 없다(무유정법)'고 가르치고 있는 사실에 주목할 필요가 있다. 언어와 개념은 모두 사람의 주관적·객관적 조건과 관계 속에서 한정적·상대적 변화의 대상으로서 인식되고 이해될 수

189
· · ·

밖에 없다. 아무리 붓다가 연기와 공을 가르치고 안내한다고 할지라도, 받아들이는 사람의 조건과 관계에 의해서 달라지게 마련이다. '법' '진리' '올바른 이치' '정도正道' 그 모든 개념이 끊임없는 긍정과 부정의 과정을 겪을 운명임을 미리 일러주고 있다는 사실을 유념해야 한다.

정의는 앞서 말한 대로 여러 차원을 전제로 한 개념인데, 이와 관련하여 불교는 특정한 관점을 갖는다. 불교는 인류사에서 보았듯이, 주류와 기득권 중심 또는 인간 중심주의 같은 자기중심성에서 탈피하자는 지향점을 가지고 야생의 사고를 고차원적으로 부활시켰다. 불교처럼 지구나 우주 대자연의 생태계를 운명 공동체로 볼 경우에는 유능과 무능, 우성과 열성을 불문하고 모든 생명의 존엄과 생존 의의를 중심에 둘 수밖에 없다. 그리고 생명의 존엄과 생존 의의를 위해서는 필연적으로 연기적 연쇄관계(연생적緣生的 그물망)에서 공존하는 타자, 자연과 동물 모두를 품에 안을 수밖에 없다. 여기에서부터 일반적 정의론과 차원을 달리하게 된다.

이 세계에서는 자기동일성을 가지고 주변의 다양한 것을 자기가 속해 있는 곳으로 끌어당겨 내부화하려는 움직임이 아직도 강하다. 공존의 대상을 타자로 밀어내 외부화하고 지속적으로 분절하려는 경향이 여전히 계속되고 있는 것이다. 자연과 동물을 우리 몸의 생태적 필수 요소와 연기적 세계의 그물망을 구성하는 귀중한 존재로 여기지 않고, 인습과 관행에 젖어 도구와 자원으로만 인식하려는 입장, 즉 인간과 동물을 안과 밖으로 나누어 차별하는 관점이 있는 것이다. 이러한 흐름과 입장의 문제가 정의를 논하는 차원에서는 가장 현대적이며 논쟁적인 의제라고 본다.

자연을 일방적으로 지배하고 착취하려고 하느냐 아니냐에 앞으로의 인류 문제 해결의 성공 여부가 달렸다고 말해도 과언이 아니다. 예를 들어, 꿀벌이든 뒤영벌이든 벌이라는 존재가 일정한 수 이하로 지구상에서 사라지면, 식생植生과 인류의 생존도 위협받게 될 것이다. 인간이 개입해 일시적으로 식생을 안정시킨다 하더라도, 인간과 동물의 연쇄 관계를 사전에 깨닫고 미리 대처하는 것보다는 대가와 희생이 훨씬 클 것이다.

마하트마 간디Mahatma Gandhi는 "어떤 국가의 품격과 도덕적 진보는 그 국가와 국민이 동물을 어떻게 대우하는가를 보면 알 수 있다"고 했다. 이때의 품격과 진보라는 말은 이루어도 되고 그렇지 않아도 된다는 의미로 받아들여서는 안 된다. 그렇지 못할 때 인류는 용렬하고 옹색한 처지로 추락하여 머지않아 극심한 상호 쟁투와 자가당착의 난관에 봉착할 것이고, 마침내 쇠멸의 파국으로 치닫게 될 것이다.


## 연생적 그물망 속에서의 모색

불교적 정의의 사유는 인간 상호 간, 인간과 자연, 인간과 동물 간의 관계를 우주 대자연의 연기적·연생적 관계의 역동적 과정 속에서 보는 것을 출발점으로 하고 있다. 지금까지 거의 모든 관계와 경우는 선과 후, 상과 하, 내부로의 동일화와 외부로의 타자화, 중심과 주변, 주와 부 또는 주와 종 등 다종다양한 분절법과 분화 양상을 발생시켜 왔다. 여기에는 당연히 집단과 개인, 공동체와 개체, 지배층과 피지배층, 편파적인가 불편부당한가 등의 사이에서 갈등과 모순의 문제가 끊임없이 뒤따른다. 이러한 분절과 이분법적 양상이 있는 한 원칙적으로 정의란 있을 수 없다. 그리고 분절화 경향이나 양상이 완화되거나 약화될수록 정의에 좀 더 가까이 다가가게 된다.

또한 붓다의 시각과 사유에는 아주 중요한 요소가 있다. 붓다는 이렇게 말한 적이 있다. "어떤 누구의 말에도, 어떤 권위의 가르침에도, 전통이나 관습에도, 보도나 평판에도, 심지어 스승의 가르침에도 무조건 따르지 말라. 스스로 공부하고 경험하고 정진하여 자기 생각과 판단에서 '나 자신에게 올바르다고 생각되고 이익이 되며, 동시에 다른 모든 이에게도 올바르며 이익이 된다'고 확신이 설 때, 그때 믿고 따르라." 다시 말하면 자기와 타자를 평등하게 보는 시각, 즉 자기중심성을 떠난 자각에 근거하여 정의와 이익을 스스로 판단하라는 의미다. 그러므로 이 두 가지 원칙적 기준을 가지고 정의를 생각하고 논하면, 사회에서 학설이나 주의·주장으로 표방되고 있는 정의正義에 대한 정의定意의 타당성을 판단할 수 있으리라고 본다. 《금강경》의 가르침과 같이, 분절을 넘어설 때와 사려분별이 필요한 때를 알고, 개방적이며 진취적인 자세로 사물과 현상을 바로 살피다 보면, 흔히들 염려하듯이 상대주의나 회의주의 또는 백가쟁명식 논쟁으로 빠져들지는 않을 것이다.

붓다는 생명의 존엄성, 개인의 가치 실현과 행복, 이웃과 사회의 안녕이나 질서, 국가의 존립과 사회정의의 구현, 세계 평화의 실현 같은 문제에 대해 체계적 이론이나 사상을 펼치지도 내세우지도 않았다. 상가의 조직과 질서, 규율에 관해서도 보편적인 원리나 체계적인 원칙 또는 이론 같은 것을 제시하거나 가르치지 않았다. 그 모든 것은 변화무상한 중생계의 일이기에 특정한 시점에서의 완결적인 이론이나 견해를 내놓을 수 없기 때문이다. 불경에 당시의 밧지Vajji족 소국의 존망에 관해 한 말씀을 구하는 자리에서, 군주와 백성의 현황을 먼저 묻고 나서 그런 현황을 전제로 한다면 어떠어떠하리라고 대답한 기록은 있지만, 그것을 보편타당한 불변의 원칙이나 이론 체계로서 말한 것은 아니다.

붓다는 다만 그 모든 사물이나 현상을 '어떻게 볼 것인가' '어떻게 사고할 것인가'에 관해서만 가르쳤을 뿐이다. '여덟 가지 올바른 길(팔정도)' '사물과 사물, 존재자와 존재자는 하나도 아니고 둘도 아닌 관계라는 것' '양극단과 중간을 떠난 중도' 모두 시각과 사고방식에 관한 것이었다. 대상에 대해 정의를 내리는 방식이 아니고, 정언적·규정적 명제의 제시도 아니었으며, 체계적 이론의 수립도 아니었다. 주된 말씀과 실천은 구체적 상황과 경우에 따른 상대적인 것이었다. 비유하자면, 구체적 타당성을 추구하는 판례법적 사고와 유사하다고 할 수 있다. 다만 판례법을 시행할 때도 명문화되지 않은 관습법을 적용하듯이, 불교에서도 연기법과 공의 이치를 바탕으로 한다.

현재 우리 사회는 단정적으로 결론을 내릴 수 있는 세계가 아니다. 어떤 결론을 내려보았자, 그 결론은 늘 어느 정도는 부분적인 연고에 기울거나 편파적인 이불리利不利와 당부당當不當의 요소가 개입되는 것을 피할 수 없다. 앞서 말한 것처럼 정의는 연고주의와 편파성이 완화·약화되고, 거기서 벗어나거나 그런 것이 사라지는 때에 실현된다. 그런데 유전자나 개체의 차원이건, 사회나 국가 또는 국제적 차원이건 과연 그렇게 될 수 있을까? 거의 불가능에 가깝다고 보아야 할 것이다.

당위론적 견지에서 훈계와 강조를 주로 행하기보다는 자연적 본능과 이익 추구의 성향을 자연스러운 흐름으로 간주하고 존중할 필요가 있다. 그에 맞추어 적절한 제도를 둑으로 만들고 물길을 내어서, 그 속에서 큰 범람은 없도록 하는 것이 바람직하지 않을까? 그것이 각자에게도, 타자와 공동체에게도 합당하고 이익이 되는 길일 것이다.


## 사유와 의식에서의 진보

이러한 방책은 인간과 사회의 기본을 뒷받침하고 있는 근본적 사유에서 의식의 진보가 있어야 제대로 기능을 발휘하고 성과를 거둘 수 있다. 우리 사유와 의식은 어떤 방향으로 진보해야 할까? 원래 자유롭고 독립적인 생명은 존엄과 고유의 잠재력을 갖고 있다. 동시에 모든 중생은 연기적인 존재 연관의 그물망 속에 있다. 이와 같이 무한한 잠재 역량의 개발 가능성과 유대 관계를 자각하는 것이다. 그리고 이것은 정태적·고정적인 그물망의 세계가 아니고, 한 방향으로 발전하는 과정도 아니며, 그물망 자체가 변화하고 유동하는 역동적·비선형적 과정이다. 그리하여 시기나 순서의 선후 완급은 있을지언정 자타 중생의 삶이 서로 다르지 않음을 인식하고 사는 것이야말로 '제대로 사는 삶의 방향'이란 것이다. 그것을 일찍 알아차리고 실천하는 사람일수록 참으로 행복한 사람이다.

그러한 관점에서 《금강경》의 법이 정의의 방향으로 가는 최상승법이고, 그 밖의 사회정의를 위한 제도와 정책 등은 조도품助道品이라고 말할 수 있다. 두 가지 다 중요하지만 큰 흐름의 방향에 따라서 제도와 정책이 달라질 수 있으므로, 먼저 방향을 제대로 알고 가늠할 수 있어야 한다. 그럴 때 조도품도 그 기능을 효율적으로 발휘하고 성과를 거둘 수 있다.

정의는 연생적 그물망과 무아의 이치를 이해하여 자기중심성을 극복하기 시작하는 데서 모색되어야 하고, 그 길이 자유와 유대를 동시에 살려 나가는 차원으로 나아가고 있는지 수시로 가늠할 수 있는 개방적인 소통의 공간에서 추구되어야 한다. 그리하여 구체적인 사회정의의 실현 과정도 늘 내면 의식의 쇄신과 사심 없음에 의해 점검을 받아야 한다. 궁극적으로는 그 사회의 진로 방향이 무심과 자비에 의해 연결된 공공적인 지향점이 되고 인간적인 배려와 노력들의 인도를 받을 때 비로소 이 모든 과정이 모든 존재에게 긍정적으로 인식될 것이다. 그럴수록 더 적극적인 의미를 부여받을 수 있고, 자타 모두를 살리는 구원의 도정으로도 이어질 수 있을 것이다. 그런데 지금 우리 사회에 무심과 자비와 연결된, 공공적이고 인간적인 노력이 얼마나 있는가?

# 유망한 신념으로서의 불교적 사유

●
○

## 서양 동일철학 존재론의 전체적 · 반동적 성격

자연 그대로의 순환 속에서 채집과 수렵을 되풀이하던 인류가 농업 혁명을 단행한 이후 여러 차례의 기술 혁신과 산업 혁명을 거치면서 지금 지구는 인구 포화 상황으로 치닫고 있다. 2050년경에는 90억을 넘을 거라는 예측도 나오고 있다. 지구상의 생물들 간의 비대칭적인 양적·질적 삶도 엄청나게 달라졌다. 자연에서 인간으로, 이쪽 인간에서 저쪽 인간으로, 이 지역에서 저 지역으로, 이 계층에서 저 계층으로 심하게 요동치고 기울어졌다.

그렇게 되는 동안 자연은 지속적으로 어디 한 군데 성한 곳 없이 망가졌다. 노동력과 화폐도 신분과 계급을 따라 풍선 효과처럼 이편에서 저편, 이 호주머니에서 저 호주머니로 일희일비 이동과 제로섬 게임을 수도 없이 반복했다. 나중에는 과도한 편중과 집중을 거쳐 신기득권층의 형성과 비대화 그리고 양극화에 이르렀다. 그와 동시에 수많은 비주류와 실직자와 소외 계층이 양산되었다. 그들은 당장의 생존마저 위험한 처지로 전락해버렸다.

이러한 현상과 결과를 어떤 사람들은 자본주의의 탓으로 돌리려고 한다. 또 어떤 이들은 자본주의와 사회주의, 전체주의 모두를 배태한 인간 중심의 서양 존재론적 형이상학의 귀결이라고 한다. 세계 대전과 사회주의권의 몰락, 그리고 노사 분리와 대립 갈등의 균형조절론의 한계, 나아가 혁명의 무실과 허구를 경험한 유럽의 지성들은 사회경제적 이념과 구조의 탓으로 돌리기보다, 그 이념과 구조 저변에 뿌리를 내리고 있는 서양 존재론적 형이상학, 특히 주체 중심의 동일철학적 전체론과 대립적 분절의 사고에서 원인을 찾았다. 니체는 과거에 위력을 발휘하던 가치기준은 이미 종말을 고했다고 선언하며, "서구의 역사를 반동적인 힘과 부정적인 권력에의 의지가 승리해온 역사로 간주하고 있으며, 이를 허무주의의 승리라는 말로 표현하고 있다."(로널드 보그Ronald Bogue, 《들뢰즈와 가타리Deleuze and Guattari》, 1995, 새길, 48쪽 참조)

에드문트 후설Edmund Husserl은《유럽 학문의 위기와 초월론적 현상학Die Krisis der europäischen Wissenschaften und die transzendentale Phänomenologie》에서 근대 유럽의 역사 자체에 은폐된 내적 동기를 문제 삼았다. 후설은 "근대의 모든 학문이 장대한 전개를 이루어왔음에도 왜 위기에 빠졌는가"라는 질문을 던지며, 그러한 위기가 곧 유럽적 인간성의 위기와 이어지는 이유를

유망한 신념으로서의 불교적 사유

진지하게 물었다. 그는 과학적 객관주의와 초월론적 주관주의의 분리에 의해 야기된 단절을 극복하지 못한 근대 철학의 불행에서 그 원인을 찾았다. 이는 존재와 현상의 근거와 본질을 다시 철저하게 문제 삼는 하이데거와 들뢰즈에 와서 더욱 진지하게 논구되었다.

하이데거에 따르면, 서양사는 한마디로 존재의 심연과 기반을 외면하고 망각한 채, 존재자들의 세계에만 정신이 팔려 신 또는 신의 피조물 같은 존재자들의 가치를 높이고 추구하는 데만 혈안이 되어온 과정으로서, 과학도 그 과정에 일조해온 것이라고 했다. 들뢰즈는 더 근본적으로 방향을 돌려 전체론적 동일성의 존재론을 '차이의 존재론'으로 바꿔놓았다. 그는 플라톤 이후 동일성의 표상을 중심으로 전개된 서양 주류 사상사에 정면으로 도전하여, 주체라고 하는 것은 한낱 유명론唯名論적인 이름에 불과하다는 것, '나'라고 부르는 습관에 불과하다는 것을 폭로했다. "주체, 그것은 하나의 습관, 내재성의 장場 속에서의 하나의 습관, '나'라고 이야기하는 습관이다."(질 들뢰즈·펠릭스 가타리Félix Guattari, 《철학이란 무엇인가Qu'est-ce que La Philosophie》*, 1991, Paris, Ed. de Minuit, p. 49 참조)

레비나스도 "서양 존재론은 타자를 동일자로 환원하는 전체성의 철학이다. 타자의 환원 불가능한 고유성을 무시하고 타자를 전체성 속에서 파악하는 데에서 서양철학의 지배적인 사유방식을 발견한다"고 했다(에마뉘엘 레비나스, 《존재에서 존재자로De l'existence à l'existant》, 2003, 민음사, 193쪽

---

* 국내 번역본은 1999년 현대미학사에서 출간되었다.

참조). 한국의 김상일도 《수운과 화이트헤드》에서 존재와 존재자의 분리 위험성을 언급하고, 존재의 자체권 의식과 존재자들의 소유권 주장의 가능성을 경계했다(2001, 지식산업사, 107~137쪽 참조).

《금강경》에서는 "사상四相을 비롯해, 중생·여래·제도·불법이란 것을 설함과 동시에 그 모든 것은 부르는 이름에 불과하다[소위 불법자 즉비불법所謂 佛法者 卽非佛法]"며 개념에서 오는 동일성 집착의 전체론적 성격을 부정한다. 이런 면에서 불교는 해체와 차이를 통해 의식과 표상 중심의 동일철학을 넘어서고자 한 유럽의 지성인들의 반성적 사유와 상통한다. 하지만 불교는 더 나아간다. 불교는 동시에 분절과 해체도 넘어서자고 말한다. '무위법이고 무유정법이기에 종종 차별상을 내지만, 또 그렇기 때문에 분별을 넘어 원융무애圓融無礙(두루 통하는 상태)의 이상 실현도 가능하다'고 하는 것이다(신소천 선사, 《금강경 강의》, 단기 4279년 권상로 서, 82~83쪽 참조).

지금까지 인류의 역사와 문명에 주도적 역할을 해온 철학적 사고의 중요 문제점을 요약·정리하면 이렇다. 복합화와 융합이 아닌 동일화와 자기중심화, 연결이 아닌 단절, 통합이 아닌 분화, 자연과의 조화가 아닌 자연에 대한 강제 등이다. 이제 문명의 방향은 후자에서 전자로 전환하고 있다. 이러한 패러다임의 전환은 현대적 맥락에서 재발견된 불교적 사유가 지향하는 방향과 같다. 그러므로 오늘의 불교가 이 시대의 의미를 제대로 읽고 부응한다면 미래의 유망한 신념의 하나로서 21세기를 이끄는 사회적 역할을 충분히 할 수 있을 것이다(미하이 칙센트미하이Mihaly Csikszentmihalyi, 《몰입Flow》, 2004, 한울림, 435쪽 참조).

## 능동적 자유 실현과 기쁨 창조의 역량

불교에는 두 가지 삶의 태도와 방식이 있다. 하나는 붓다의 길이고, 다른 하나는 보통 사람의 길이다. 물론 이 둘은 완전히 별개가 아니라 연결될 수 있는 둘 아님의 관계에 있다. 그러나 하나는 그 목표 방향이 완전한 자유의 길이고, 다른 하나는 현존재로서의 현실적 자유를 누리기 위해 틀이나 제도를 필요로 하는 길이다. 조건적이고 변화하는 존재자로서의 심신은 무상성과 무아성을 벗어날 수 없다. 그것이 연기법이다. 그런 면에서 보면, 두 가지 길 모두 '제약하고 구속하는 어떤 무엇으로부터의 자유'와 '존재와 자기의 실현을 위해 무엇인가를 할 수 있는 자유' 둘 다를 필요로 한다.

상황이나 조건에 대한 의존도가 적고 자발적일수록 능동적이고 자유로운 삶이다. 붓다의 경지는 이런 의존도를 최대한 줄이고 스스로 기쁨을 자유롭게 창조할 수 있는 역량을 최고도로 향상시킨, 말하자면 인간으로서 스스로 인간을 극복한 경우다. 공자孔子가 '인생 칠십이 되니 하고 싶은 대로 해도 법도에 어긋남이 없다(七十而從心所欲不踰矩)'고 한 것과도 유사하다. 스피노자의 용법을 빌리면, '신적인 지知의 사랑'의 차원으로서, '스스로 기쁨을 창조하는 역량을 최고도로 발휘하는 가장 능동적인 인간'을 말한다. 붓다와 공자와 스피노자가 말하는 '능동적인 자유 실현과 기쁨 창조의 역량'이 우리의 삶의 목표가 되면 어떨까?

보통 사람이 현실적인 자유를 누리기 위해서는 그에 걸맞은 제도와 틀이 필요하다. 그 제도와 틀이란 것이 어떤 계층이나 부류에게만 혜택을 주고, 다른 쪽에는 주지 않거나 피해나 해악을 끼치는 것이라면 안 된다. 또 단기적으로는 괜찮더라도 장기적으로 문제가 된다면 곤란하다. 서양의 동일철학과 존재론적 사유의 프레임이 이 세계에 얼마나 많은 문제를 야기했는가? 이런 프레임에서 벗어나지 못한다면 문제는 방치되고 산적될 뿐이다. 이러한 프레임에서 벗어나기 위해 여기서 몇 가지 사고의 전환을 이야기하고자 한다.

첫째는 실체론적 사고를 벗어나야 한다. 불교는 존재의 근거 자체를 인정하는 식의 표현을 삼간다. 나아가 어떤 지고지선至高至善의 존재나 가치라 할지라도 그것의 실체가 있다거나 어떤 무언가에게 내재되어 있다고 보지 않는다. 즉 존재의 자체권과 가치의 소유권 주장을 부정한다. 앞에서 언급한 '능동적인 자유 실현의 역량'을 목표를 절대시하거나 고집하는 순간 이미 실패하고 있는 것이다. 아무리 지고지선할지라도 그것이 어떤 형상과 언어를 통해 표상되고, 그것에 집착한다면 도리어 정반대의 길을 걷는 것이다. 그래서《금강경》은 '상相 없음'을 말하고 "어디 어떠한 것에도 머물거나 집착하지 말고 마음을 낼 것이라"고 했다. 독일의 극작가이자 사상가인 고트홀트 에프라임 레싱Gotthold Ephraim Lessing도《현자 나탄 Nathan der Weise》에서 "진리는 소유하는 데 있는 것은 아니라 모색하는 과정에 있다"고 했다.

목표를 행함에 실체론적 사유가 자칫 털끝만큼이라도 있다면 맞이하게 될 결과는 애초에 이루고자 했던 것과 이루 말할 수 없을 정도로 차이가

유망한 신념으로서의 불교적 사유

클 것이다. 선가의 삼조 승찬대사僧璨大師가 《신심명信心銘》에서 아주 작은 "호리毫釐라도 차이가 있으면 천지가 현격懸隔된다"고 한 것도 그러한 연유에서이다. 처음엔 종속 목적이던 것이 어느 새 자기 목적이 되고 자기 목적이 나중에는 최종 목적이 되는 것이다. 자연의 일부인 인간이 지구의 거의 모든 서식지를 차지하여 지배하는 것이나, 제국주의 시대의 침범과 점령을 무주지 선점이라고 우겼던 것도 다 동일화의 전체주의적 성격과 존재의 대표 격인 양 자처하고 소유권을 주장하는 데서 비롯된 것이다.

그런 자기목적화와 독식화, 선점과 장악의 관성화에서 신분과 계급과 질서가 나오지 않았던가? 부득이한 방편이었다면, 그 반대급부와 책임을 감당할 각오로 임할 일이다. 하물며 과실이나 속임수로 한 짓이라면 무슨 말을 더하랴. 적어도 수천만 수십억 인구를 위한 정책을 고안하고 제도화를 하겠다면, 이런 인식은 있어야 하지 않겠는가? 보통 사람도 눈을 크게 뜨고 귀를 활짝 열어놓고 제도화의 과정에 참여해 함께 만들 각오와 태세로 임해야 한다.

둘째로, 분별의식에 따른 이분법적 사고와 우열의 논리를 극복해야 한다. 많은 사람은 '물질과 재화는 비천하고 정신과 문화는 고상하다'라는 고정관념을 가지고 있다. 이러한 관념은 어떻게 생겨났을까? 중세 때부터 이어온 신 중심의 세계관은 물질을 천시하고 정신문화를 중시한다. 그런데 인류사를 보면, 이러한 세계관을 앞장서서 만들고 강화했던 권력자나 성직자들이 앞에서는 정신과 도덕을 내세우고, 뒤에서는 지배와 수탈을 꾀한 사례들이 적지 않다. 모두 그때그때의 권세와 영향력을 지닌 사람들이 조직과 질서를 세우는 과정에서 그들의 힘을 유지하기 위해 선을 긋고 울타리를 치면서 생긴 관행과 준칙의 결과이다.

이러한 고정관념을 깨기 위해서는 먼저 물질과 정신을 나누는 생각의 습관에서 벗어나야 한다. 자연 자체도 물질인데 사계절의 아름다움을 어디에 비할 것인가? 정신도 마찬가지다. 어떤 프레임으로 바라보느냐에 따라 그 가치는 달라진다. 화려하고 은성한 문명세계에도 천박한 야만이 넘치고, 험준한 산 깊은 계곡의 무위자연의 세계에도 고결하고 문화가 꽃피울 수 있다. 엄밀한 수반의 관계는 아니지만, 정신은 이미 어떤 물질적 조건의 변화와 연기적 관계에 배치되며, 물질은 이미 어떤 정신적인 조건의 변화와 연기적 관계에 놓이게 마련이다. 즉 물질이냐 정신이냐 하는 이분법적인 관점으로 규정할 수 없는 것이다.

사람의 의식과 지능이 동물에 비해 높다고 해서, 그것으로 우열을 논할수 없다. 어떤 면에서 낫다고 해서 차별하고 그들의 생명을 좌지우지할 수는 없다. 만일 우리 사회가 그런 우열의 논리를 적용한다면, 대부분의 사람은 일부 극소수 천재의 필요에 의해 삶의 가치가 결정될 것이다. 개별적 또는 유類적 존재자의 이해타산이나 가치 형량을 떠나서 보면, 돌멩이 하나도 함부로 대할 것이 아니다.

우리는 매일 자신의 생존을 위해 식사를 한다고 여기지만, 자세히 들여다보면 그때마다 우리 몸에 살고 있는 수없이 많은 미생물에게 먹이를 공급하는 셈이다. 우리의 몸 안에는 수많은 유익균과 유해균이 뒤섞여 때로는 다투고 때로는 조화를 이루며 살고 있다. 그렇다고 또 유익균이 늘 유

유망한 신념으로서의 불교적 사유

익균이 아니고, 유해균도 늘 유해균이 아니다. 그들은 이것도 됐다 저것도 됐다 하면서 길항과 협응, 상생과 상극을 연출하며 균형을 이루고 있으며, 이를 통해 우리는 생명을 유지하고 있다.

우리는 취식과 배설 어느 쪽도 무시할 수 없다. 아니 먹는 것은 며칠 굶고 참을 수 있어도 배뇨는 단 하루도 참을 수 없다. 그런데도 차별한다. 그러나 고통을 겪고 나서야 모두가 다 귀중한 곳이고 평등한 것인 줄을 깨닫는다.

불가의 어떤 노사老師가 여자 보기를 부정관不淨觀으로 가르치고, 남자들이 공사판에 여자가 나타나면 부정 탄다는 말을 서슴없이 내뱉는 걸 본 적이 있다. 성직자나 위인들도 여성의 산도産道를 통해 태어났으면서 부정 관념을 갖는 이유는 무엇일까? 그리고 그와 어울리지 않게 성모처럼 구원의 여인상이란 환상을 만든 이유는 무엇일까? '동정녀의 잉태' '옆구리에서의 탄생' '하늘에서 내려 온 상자, 알에서 나왔다'는 식의 이야기를 만들어 어떤 '생각의 틀'을 심어주려 했을까?

불교는 다른 어떤 종교나 사상보다 '분별하지 말라'고 가르친다. 불교가 정신과 도덕을 특히 우위에 두거나 강조한다고 생각하는 사람도 있는데 그건 명백한 오해다. 《반야심경》의 '색수상행식色受想行識(五蘊)'에서 '색이 공과 다르지 않고 공이 색과 다르지 않으며, 색이 곧 공이요 공이 곧 색이라. 수상행식도 다 이와 같다'고는 했어도, 굳이 나누어 '공'과 '색'과 '수상행식'이 차지하는 비중의 차이를 말한 적은 없다. 공과 무를 잃어버린 채 색을 비롯한 오온과 상에 빠져버리거나, 거꾸로 공과 무에 빠져버리는 전도몽상顚倒夢想을 떠나야 한다고 말한 대목은 있어도, 분별하고 우열을 언급한 것은 없다. 붓다도 그랬고 스피노자도 그랬다. 모든 존재자는 무와 공의 다른 존재론적 측면의 표현이요 그 변화며 온전함의 존재자다.

마지막으로 풍요는 있는 그대로 자연으로부터 나온다는 사실을 깨달아야 한다. 인간은 동서, 좌우, 선·후진을 막론하고 지배적 주도권을 행사하기 위해 자연을 있는 그대로 보지 않고 평화공존의 존재라는 걸 잊고, 인간이 바로 자연의 일부라는 진실을 외면한 채 착각과 무지와 환상의 연장선에서 무자비하게 파괴해왔다. 특히 힘 있는 자들이 '자연을 있는 그대로 놓아두는 것은 야만이다'라는 생각 틀을 만들고 공고화한 결과, 인류의 역사는 자연을 개발하고 가공해야만 풍요로울 수 있다는 프레임에 갇히고 말았다. 물론 그런 식으로 나름대로의 성장과 발전을 이루어왔다. 그러나 그 틀 안에서 계측하는 사고에만 집착하고 매달린다면, 결국 빈곤과 외상外上을 다른 인류 또는 다른 생명에게 떠넘기는 것, 즉 아랫돌 빼서 윗돌 괴는 것이 되고 만다. 그것은 결코 풍요를 이루는 것이 아니라 외화外華를 위해 내빈內貧을 도모하는 셈이 되고 마는 것이다.

이런 프레임을 짐짓 외면한 채 그냥 두고서는 난관을 돌파할 수는 없다. 잘못 걸려든 프레임 속에서 형성된 생각의 인프라, 그 위에 키워진 역사적·기계적 무의식에 따른 정치경제학을 구축해놓고 그 안에서 밤낮 혁신과 혁명을 외쳐보았자 문제만 산적될 뿐이다. 기본 틀과 기조를 바꾸지 않으면 과거의 흥행에 들러리만 서는 꼴이 될 것이다. 이제는 흥행의 무리들에게 무대와 주연을 맡겨서는 안 된다.

유망한 신념으로서의 불교적 사유

# 진리와 선과 정의는
# 무아와 미의 보살핌으로

●
○

흔히 불교가 보편적 명제나 절대적 진리 또는 형이상학적 철리哲理를 말한다고 생각하나, 이는 불교에 대한 오해다. 붓다의 가르침은 구체적인 관계 속에서의 적절한 배치를 통해 가장 타당한 행동을 하라고 일러줄 뿐이다. 그것이 진리를 찾아가는 길이며, 시작과 끝, 안과 밖이 없는 길이다. 이 가르침은 정언명령식의 명제가 아니다. 그래서 불교에는 근본주의가 들어설 자리가 없다.

《금강경》을 보면, 붓다 자신이 진리를 말한 적조차 없다고 했다. 진리라고 단정할 것이 없다는 것이다. 단정하여 주장하고 고수하는 순간, 나와 타자, 안과 밖, 내 편과 다른 편의 분리가 발생하기 때문이다. 그렇게 되면 남만 소외시키는 것이 아니라 자기도 소외시킨다. 역사적 사례나 예술작품을 통해서 알아보자.

## 두 개의 세계와 둘 아닌 세계

기원전 6세기 무렵, 인도는 수많은 소국과 대국으로 나뉘어 있었다. 코살라나 마가다Magadha처럼 대국이 있었는가 하면, 카필라Kapila처럼 작은 나라도 있었다. 카필라국의 왕자였던 고타마 싯다르타에겐 카필라국이 내부라면 다른 나라들은 외부였던 셈이다. 그런데 싯다르타는 나라와 가족을 떠나, 심지어 조상의 역사마저 떨치고 출가한다. 당시 인도에는 많은 철학 분파가 있었지만, 싯다르타는 어느 한 교파에도 소속되지 않았다. 자기 나라를 떠나 더 큰 나라를 찾아가지도 않았다. 그렇다고 '모든 나라를 다 버리라'며 사해동포주의를 주장한 것도 아니다. 즉 그는 모든 틀에서 벗어나고자 했으며, 당연히 내부와 외부를 나누지도 않았다.

사실 어떠한 틀에서 사유하고 행동하면 그것이 무엇이든 내부와 외부를 나누는 결과가 따라온다. 당시 인도의 상황에서, 통일된 인도를 통해 세계 평화를 이룩하겠다는 생각 또한 결국 인도와 세계를 내부와 외부로 나눈 것이고, 인도를 중심으로 세계를 본다는 것이다. 전설 속의 전륜성왕이 다스리는 나라, 불교인들이 꿈꾸는 불국토, 그런 곳이 아무리 평화롭고 번영을 구가한다 하더라도, 그 속에 왕의 지배가 있고 그 외부에 피지배층이 존재하는 한 이분법적 구도는 여전히 존재하는 것이다.

일부 사람들은 '세계는 질서정연하고 조화롭다'는 환상을 품고 있다. 이 세상은 완전히 조화로운 세계를 이룰 수 있도록 예정되어 있으므로, 결국 번영과 평화를 누리게 된다는 생각인데, 그건 일면적 고찰이 낳은 관견管見이다. 세계는 그렇게 질서정연하고 조화롭기만 한 곳도 아니고, 그런 식으로 유지·변화·발전되어온 것도 아니다. 세계는 질서와 혼돈, 화합과 대립, 조화와 부조화, 균형과 불균형 등이 무수히 반복되어 왔다. 니체는, 인간은 능동적인 의지보다 반동적인 권력에의 의지가 강하므로 원래 극복되어야 할 존재라고 말했다. 인류사, 특히 서양사는 (능동적 행위자를 접해 비로소 움직이는 이에 대한 비판·반대·통제를 일로 삼는) 반동적인 의지가 능동적인 의지를 지배해 허무주의가 승리한 역사라고 보기도 한다.

세상에는 고결한 목적으로 뭉친 집단들이 참 많다. 어떤 집단이든 처음엔 그 집단의 존속을 위해 집단의 성장과 강화를 도모한다. 그 고결한 뜻을 이루기 위해서는 성장과 강화라는 동력이 필요하기 때문이다. 그러다 어느 순간부터 자기 집단의 성장과 강화에 몰두해 자기목적을 넣은 프로그램을 만들고, 이를 통해 내부적으로는 결속을 다지고 외부적으로는 사업을 확장하려 한다. 점차 목적과 수단이 뒤바뀌어간다. 재력가와 대중에 영합하는 일이 잦아진다. 이런 모든 일이 내부와 외부를 나누며, 내부를 살찌우고 외부를 잠식해가기 위한 내부화 작업이다. 내부와 외부를 나누는 이분법적 사고는 우리의 일상 속에 구석구석까지 스며들어 작동하고 있는 기제요 사상이다.

토니 모리슨Toni Morrison의 소설 《파라다이스Paradise》에는 두 개의 세계가 그려져 있다. 하나는 백인들의 온갖 박해를 무릅쓰고 만든 흑인들만의 도덕적 공동체다. 그들은 백인과 대항할 때는 내부를 단결하고 외부를 배척한다. 그런데 시간이 지나면서 흑인들의 공동체에서도 서로 헤게모니를 쥐려는 사람들끼리 갈등하기 시작하고, 급기야 순수한 혈통의 흑인만 인정하고 나머지는 배척하려는 움직임이 나타나고 만다. 고상한 뜻에서 출발한 흑인들의 공동체는 결국 엄격하게 서로를 가르고 살벌하게 갈등하는 조직으로 변해버린다. 극단적 내부화로 인해 조직이 변질된 것이다.

《파라다이스》에 나오는 다른 또 하나의 세계는, 수녀원이었던 건물에 모여 사는 가난하고 못 배운 사람들, 마약 중독자, 알코올 중독자 등 기존 사회에서 버림받은 사람들의 세계다. 이들의 세계는 어떠한 목적에 의해 조직되지 않은 아주 느슨한 공동체다. 이들은 티격태격하며 싸우기도 하지만 금세 화해하고 서로 위로해주는 등 인간적인 여지를 보이며 살아간다. 서로 극단적으로 배척하는 짓은 하지 않는다.

사실 《파라다이스》에 나오는 흑인들의 공동체 같은 세계는 지금 현실에서도 쉽게 볼 수 있다. 2019년 3월 뉴질랜드 크라이스트처치 이슬람사원에서 일어난 무슬림에 대한 무차별 총격 사건은 이민과 난민을 배격하는 백인 극단주의자의 소행으로 드러났다. 범인이 남긴 성명서에는 일본과 한국처럼 단일민족이 되어야 한다는 말도 들어 있었고 한다. 이런 외부 배격과 내부 결속의 성향은 각종 종교와 인종 간에 분쟁을 거치면서 지속되어 왔다.

사람은 참으로 복잡한 존재다. 겉으로는 한결같아 보여도, 속에서는 잠깐 사이에 악마가 되었다가도 천사가 되기도 한다. 인류로 진화하는 과정에서 무수한 생물의 두뇌가 인간의 두뇌 속에 자리 잡았기 때문인 듯도 싶다. 또한 인간은 보다 나은 것을 지향할 줄도 아는 존재다. 머리는 하늘을 지향하고 배꼽 밑은 땅과 함께 뒹굴고 살 수밖에 없는 게 인간이란 복합적인 존재다. 생명이란 그런 복합적인 것인데, 생명과 인간을 일도양단하여 둘로 딱 나눌 수 있겠는가?

## 내부화 · 외부화와 기지 · 미지

요즘 우리 사회에는 국민의 복지 증진을 외치는 목소리가 높다. 그런데 복지 증진이 만사형통이 아니다. 복지가 증진되면 어쩔 수 없이 국민 개개인의 삶에 국가가 보다 적극적으로 개입할 수밖에 없게 된다. 과연 그것이 옳은 것인지 문제의식을 가져야 한다. 그렇다고 애덤 스미스Adam Smith의 경찰국가론처럼, 정부는 치안만 맡고 나머지는 자유방임이라는 말이 아니지만, 오늘날 사회는 심각할 정도로 국가가 개인의 삶을 관리·통제·조정하는 영역이 점점 확장되어가고 있다. 이를 다시 말하면 국민 삶의 영역 대부분이 내부화되어가고 있다고 할 수 있다.

　비단 국가 차원의 일만이 아니다. 내부화는 우리 인류의 사고방식에서도 나타난다. 몇 년 전, 신의 입자라고 부르는 힉스 입자Higgs boson를 드디어 발견했다고 세계가 떠들썩했었다. 힉스 입자의 발견으로 이제껏 풀리지 않았던 우주의 비밀이 풀릴 것이라는 기대감이 대단했다. 여기서 미지의 영역이 얼마나 광대무변한지 잘 알지 못한 채, 기지로 이 세상의 모든 문제를 다 해결할 수 있다는 인간의 만성적인 착각이 드러난다. 우리는 기지에만 의거해 사고하고 행동한다. 원주민이 이미 오랜 세월 자리 잡아 잘 살아가고 있던 아메리카 대륙에, 콜럼버스 일행이 첫발을 내디뎠다고 역사상 최초의 발견이라니 부끄럽지도 않은가? 게다가 그 뒤로 그들은 얼마나 많은 원주민과 야생동물을 죽이고 삼림을 불태웠는가? 피사로가 잉카제국을 침략해 정복하기까지의 과정은 또 어떤가? 미지가 보다 본질적인 것이라는 사실은 모른 채, 자기가 아는 것이 세상의 전부인 양 기지로써 세상을 대한 결과를 인류사는 여실히 보여주고 있다. 이처럼 자기가 알고 있는 인식의 범위에서만 세상을 대했다는 건, 결국 내부만 살찌우고 외부를 박대한 것이다.

미지를 불교적으로 말하면, 공의 세계 또는 여백의 세계와 통하는 차원이라고 할 수 있다. 그렇다고 기지의 차원을 배척·타도의 대상으로 보진 않는다. 기지와 미지의 조화로움을 추구한다. 이러한 불교의 지혜를 어떻게 현실에 적용할 것인가가 우리의 과제다.

사회 경제체제의 기초를 이루고 있는 세 차원, 순수 증여와 증여와 교환 가운데, 무주상 보시인 순수 증여의 세계는 자연의 세계이자 공의 세계와 통한다. 따라서 순수 증여의 사회를 지향하는 불교는 국가가 인위적으로 모든 차원의 생활을 관리·통제·조정하는 방향으로 나아가는 것을 바람직하다고 보지 않는다. 국가가 개개인의 삶에 적극적인 관여를 하는 것을 막스 베버Max Weber는 '생활세계의 식민화'라고 표현했다. 여기서 '생활세계'란 미지의 세계를 포함한다. 객관적인 세계이긴 하지만, 파악되고 규정된 세계가 아니라 시시각각 역동적으로 변하는 세계다. 마치

진리와 선과 정의는 무아와 미의 보살핌으로

종주국이 식민지를 억압하고 착취하는 것처럼, 국민 개개인의 생활세계를 모두 국가의 제도 밑에 두는 것이 바로 베버가 말한 생활세계의 식민화란 것이다. 하지만 베버도 문제점을 제기하는 것에서 더 나아가지 못했다. 국가의 과도한 간섭을 받음으로써 훼손되는 인간의 자율성에 대해 심각하게 우려했지만, 그에 대한 속 시원한 해결책을 제시하지 못했다. 그러하기에 여백을 많이 두려 하고 비움을 강조하는 불교적 정신을 통한 대안의 제시가 절실히 필요하다고 하겠다.

《파라다이스》와 현실의 여러 사건은 모두 내부와 외부의 분리는 필연적으로 분열과 갈등을 불러일으키며, 인간은 모든 것을 동일화의 구심점으로 내부화하려는 경향이 짙다는 사실을 보여준다. 하지만 내부화할수록 인간의 정신은 점점 파편화되고 파탄으로 치달을 뿐이다. 국가의 기능을 무한히 확대한다고 해서 문제가 해결되는 것이 아니라는 것이다.

종교적 차원에서도 내부화와 외부화의 문제를 제대로 알아야 한다. 출가는 자신이 살고 있는 기존 세계를 벗어나는 것이다. 화이트헤드가 말했듯이, 하향의 심신을 전회轉回해 획기적인 상향으로 성큼 내딛는 한 걸음이 바로 출가 정신이다. 불교의 가르침이란 앉아서 목석처럼 가만히 있는 게 절대 아니다. 물이 흐르지 않고 고여 있다면 그 물은 썩기 마련이다. 때로는 바닷속까지 뒤집어엎는 태풍이 필요하다. 그래야 새로운 생명력이 살아날 여지가 생긴다. 필요할 때 태풍의 역할을 하는 게 공의 실행이자 자비의 실천이다.

## 미학적 불교의 가능성을 찾아서

사람들은 공의 이치를 들으면 흔히 무를 떠올린다. 그런데 무는 존재하는 사물의 형태가 고정되지 않고 변화하는 상태일 뿐, 모든 존재자의 드러나지 않은 바탕인 존재 자체의 단절이나 소멸을 의미하는 것은 아니다. 다른 말로 표현하자면 익명의 바닥 모를 심연이라고나 할까? 공은 고유한 '본질이나 실체 없음'과 '변화를 피할 수 없음'이라고 풀이한다. 사실 이런 해석과 설명이 중요한 것이 아니다. 불교적 사유는 현상이나 사물 자체가 스스로 어떤 가치를 갖고 있다고 내세우는 차원을 벗어나자는 것이다. 이렇게 말하면 깨달음, 자비와 사랑, 관용 같은 덕목도 가치가 아니냐고 할 것이다. 그러나 이러한 것들이 그 실천자들에게 본래 주어진 것이라고 주장한다면, 그것은 어울리지 않을 뿐만 아니라 남들에게도 온당하게 받아들여지지 않을 것이다. 진정한 실천은 자의식이나 이상을 여읜 행동이기 때문이다. 붓다가 《금강경》에서 "진리를 설한 것이 없다" "한 중생도 제도한 것이 없다" "불법이 불법이 아니다" "상을 떠나 보시하고, 진실을 보고 여래를 보라"고 누누이 일러준 것도 이런 연유에서다. 데리다가 선물이란 '주는 자와 받는 자가 선물에 대해 의식하지 않을 때 비로소 선물이라고 할 수 있다'고 한 것과 상통한다.

그런데 현실에서 진리나 선, 정의는 온전해야 하고 절대적이어야 하며 흠결이 없어야 한다는 전제가 따라다닌다. 그런 전제하에서 '이것이 진리다' '이것이 선이다' '이것이 정의다'라고 의식하거나 말하는 순간, 이미

'이것'과는 다른 것은 거짓이고 악이며 불의가 된다. 자칫하면 독단과 독선이 된다. 더욱이 이러한 의식으로 조직적인 행동을 할 경우, 그것은 그 집단 자체의 자기목적이 되고 이념화되어 자기들의 기준에 맞지 않는 모든 것과 대립·반목하게 된다.

그럼 '미美'는 어떨까? 미는 이성과 논리로 보편적 기준과 당위를 내세워 그에 따라 시비를 가리는 것이 아니라, 감성으로 다양성을 허용하기 때문에 독선이나 독단으로 흐를 여지가 상대적으로 적다. 그러나 고대 그리스 시대에는 이상적 미를 위한 기준과 원칙을 세우기도 했고, 그 이후에도 서로 미를 겨루는 경우도 숱하게 있었으니, 미 자체도 모든 걸 포용하고 아우르며 조화시킨다고 단언할 수는 없을 것 같다.

자연과 인간, 인간과 인간, 사물과 사물, 존재와 존재자 사이를 '비대칭적인 불균형과 불평등, 분절의 두 세계'로 표상하고 있는 의식의 저변에 '무분별의 대칭적 무의식'이 유동하고 있음을 일깨운 유식학을 비롯한 현대의 예술인류학의 관점에서 바라본다면 어떨까? 그러한 관점에서 그 모든 것은 '하나도 아니고 둘이 아닌 세계'다. 이러한 세계는 무위법적이고 무유정법의 세계로, 유동적이며 공적인 세계다. 모든 생명체의 심연에 흐르는 이러한 세계의 기층의식을 '공적인 무의식'이라고 부르기도 하고, 《금강경》에서는 '무심無心'이라고 부른다. '무아상' '자의식 없음' '존재의 실체 없음'의 이러한 의식은 포용과 자비를 발휘하여 구원으로 향하는 길을 보여줄 수 있을 것이다. 미도 무아와 무심의 가운데 자연스럽게 우러나올 때, 진정 아름다움으로써 진리와 선과 정의를 구원으로 인도할 수 있을 것이다. 독단과 독선은 이런 무심의 인도를 멀리한 결과, 심신이 편벽되고 병들어가는 과정에서 나타난 것이다. 아름답지 못한 진리, 아름답지 못한 선, 아름답지 못한 정의란 있을 수 없다.

무심의 인도를 받은 마음의 행로를 불교는 사무량심으로 표현했다. 자慈 비悲 희喜 사捨가 그것이다. 붓다의 마음은 살아 있는 자에게 그들의 희망을 이룰 기회와 지혜를 주려고 노력하고(자), 그들의 고민과 고통을 살펴 적극적으로 덜어주려고 애를 쓰며(비), 그들의 좋은 일과 즐거움을 함께 기뻐하고(희), 이해관계를 떠나 사심과 사욕을 버린 태도로 판단하여 대한다(사). 이렇게 몸과 마음을 쓸 수만 있다면 이 얼마나 아름답고 숭고한 일인가? 이것은 단순한 이상이나 상징을 말하려 한 것이 아니다. 이것은 엄청난 에너지다.

비록 모든 사람이 지금 당장 이렇게 붓다처럼 살 수 없다 하더라도, 이런 아름답고 고귀한 마음을, 무심의 경지를, 공적 무의식의 광휘光輝를 지향하며 살 수는 있으리라. 이렇게 지향하며 노력하는 과정이 보통 사람의 미학적 불교 패러다임이다. 이를 통해 몸과 마음이 조금이라도 정화와 치유의 기회를 만나고 향상의 길을 걸을 수 있다면, 이 또한 구도의 한 과정이 아닐까?

# 자연과 문화의
# 풍성한 융합을 위한 미학적 불교

●
○

"내 마을에서는 우주에서 볼 수 있는 만큼의 땅이 보인다

그래서 내 마을은 다른 어떤 땅보다 그렇게 크다.

왜냐하면 나의 크기는 내 키가 아니라

내가 보는 만큼의 크기니까

도시에서는 삶이 더 작다

여기 이 언덕 꼭대기에 있는 내 집보다.

도시에서는 커다란 집들이 열쇠로 전망을 잠가버린다,

지평선을 가리고, 우리 시선을 전부 하늘 저 멀리 밀어버린다,

우리가 볼 수 있는 크기를 앗아가기에, 우리는 작아진다,

우리의 유일한 부富는 보는 것이기에, 우리는 가난해진다."*

## 능동적인 역량의 성장을 돕는 불교

우리의 풍요는 '우리가 무엇을 어떻게 보고 느끼는가'로부터 오기 때문에, 우리는 마음대로 보고 느낄 수 있는 자유와 역량을 원한다. 또한 우리는 우리의 마음과 눈을 가리고 빼앗는 것이 적을수록 더욱 풍요로워진다고 믿는다.

우리의 자유와 역량을 어떻게 확장하고 개발하며 성장시킬 것인가? 그러기 위해서는 자유와 창의를 자신의 울타리 안에서만 골몰하는 식으로 키우겠다는 생각에서 벗어나서 자타불이自他不二의 홍익적弘益的 관점을 가질 필요가 있다. 앞서 언급한 것처럼, 아집과 아상에서 벗어나 무아를 지향하는 '깊고 넓은 몸' 앞에는 이미 자타를 함께 살릴 수 있는 세계가 열려 있다. 좁디좁은 칸막이 속 자기중심성을 극복하여 광활한 대자연 위에서 자유와 유대를 함께 누리려고 하는 것이야말로 진정한 능동적 자유 실현과 기쁨의 창조를 위한 역량을 성장시키는 길이다. 이 '능동적 자유와 역량의 성장'이라는 기본 생각이 방향 전환의 출발점이 될 것이다.

《논어論語》에는 '그림 그리는 일은 바탕이 있은 이후에 한다〔회사후소繪事後素〕'란 말이 있다. 이 말은 '먼저 바탕을 다지는 기본이 중요하다'는 뜻이다. '사람은 태어남으로 바라문婆羅門(브라만)이 되는 것이 아니라 행실로 바라문이 되는 것'이라는 붓다의 언급도 전인적 도야陶冶의 중요성을 이야

---

• 페르난두 페소아Fernando Pessoa, 《시는 내가 홀로 있는 방식》, 2018, 민음사, 29쪽.

자연과 문화의 풍성한 융합을 위한 미학적 불교

기한 것이다. 두 말 모두 사람이 사람 구실을 하고 꿈을 실현하려면 자유의 공기 속에서 자연과 인간을 아우르는 도야와 역량 배양이 선행되어야 한다는 의미다.

역사상 많은 나라가 말로는 '민심이 천심'이라고 하면서, 뒤에서는 백성을 무지렁이처럼 내버려두고 겨우 연명만 해도 감지덕지하도록 우민화 정책을 펴왔다. 말하자면, 보통 사람에게 역량 배양은커녕 기본 바탕을 다질 엄두조차 못 내게 했던 것이다. '인간의 존엄성과 인간다운 생활'이란 장식적인 선언과 기회 균등의 구호하에, 기울어진 운동장의 구석에다 몰아놓고 경쟁시켰다. 난개발로 인해 민생 환경은 날로 악화되고, 대량 생산과 대량 소비와 대량 폐기물 양산이 맞물려 구조화됨으로써 온갖 사회경제적 문제를 발생시켰을 뿐 아니라, 수많은 대소 규모의 분쟁과 전란을 일으켜 보통 사람의 삶에 이중삼중의 고난을 안겨주었다.

지금까지 인류가 이룬 중요 성과들을 부정하자는 것은 아니다. 물질적 부와 편의성의 증대 그리고 그걸 기반으로 구축한 문화는 나름대로 인류의 꿈을 향한 중요한 발판이요 디딤돌이었다. 그러나 그 과정에서 잘못된 프레임으로 인한 많은 부작용이 발생했다. 이젠 사회적인 공론화로 인해 많은 사람이 이러한 문제의식을 공유하는 시대가 되었다. 시대가 변하고 조건이 달라졌다면 프레임도 달라져야 한다. 조건과 상황이 변화했는데도 과거에 집착하며 계속 문제를 야기하고 지연시키면서 미래와 타자를 이용해 이익을 챙기는 구조를 그대로 놓아두는 것은 결국 파국으로 치닫는 길이다. 분명히 방향 전환을 도모하고 로드맵도 새로 짜야 한다.

그럼 어떻게 하는 것이 바람직한 제도화의 방향일까? 기본 생각의 몇 가지 조건, 즉 자유와 유대를 충분히 경험할 수 있고, 능동적으로 아름다움과 기쁨의 창조 능력을 성장시키기 위해 각자의 잠재 역량을 개발할 수 있는 여건을 마련해야 한다. 이것이 가능하도록 사회제도를 개선하고 사회구조를 정비해야 하는데, 현실은 그리 녹록하지 않다.

큰 흐름은 이미 '저성장·저소득·저투자 순환의 시대'에 접어들었다. 중국이나 인도 같은 나라들이 아무리 성장한들 수십 억이 넘는 인구를 풍족하게 살도록 하기는 어렵다. 선진 국민조차 지금 태반이 생존에 급급해하고 있다. 이제 과거의 성공 방식대로는 결코 미래의 성공을 담보하지 못한다. 아무리 기술 혁신을 이룬다고 해도 광범위하게 구매력이 저하되면 어쩔 도리가 없다. 그래서 다음과 같은 제안을 해보려 한다.


## 벌거벗은 직접적 자유경쟁


분업과 교환을 중심으로 하는 자유시장 경제체제는 그 직접적 자유경쟁의 저변에 상호 공존의 기반이 존재한다는 사실을 전제하고 있다. 공존은 환경이나 여건으로서든 참여 또는 동반자로서든 다른 생물과 자연, 다른 인간, 즉 타자의 존속을 전제한다. 공존은 '교환과 분업의 원리'만으로 이루어지는 것이 아니다. 비록 절대 왕정과 상인 계층의 결탁 과정이 그런 제도화를 실현시킨 측면이 있지만, 그것만으로 다 설명될 수 있는 것은 아니다. 원래 인류사의 전개 과정에서 공동체가 형성되고 발전할 수 있었던 것은 그 근저에 호혜적 호수성의 증여 의식과 무주상 보시의 순수 증여 그리고 그것을 기초로 한 어느 정도 사회적·윤리적 공감과 유대감을 이끌어낼 수 있는 요소가 분명히 있었기 때문에 가능했던 것이다. 호수성과 무주상 보시는 '둘 아닌 차원의 유동적 기층의식'의 발로이며, 이 기층의식은 불교적으로 말하면 '공과 무유정법의 작용'이다. 그러한 발로와 작용 과정에서 나온 공감대가 분업과 교환의 원활한 기능에 긍정적으로 작용하여 공동체의 유지와 발전에 기여해왔던 것이다.

인간만이 아니라 자연 자체와 자연과 인간관계의 유지도 존재 연쇄를 기반으로 한 호수성과 순수 증여의 덕분이었다. 교환과 증여와 순수 증여, 이 세 가지는 융합하여 복합적으로 개인과 공동체의 향상·발전에 이바지했다. 개인과 공동체가 이 세 가지 요소의 적절한 배치 및 융합에 대해 얼마나 인식하고 있고 얼마나 공감대를 갖추고 있는가에 따라 경제·사회가 발전하기도 하고 침체와 혼란을 거듭하기도 한다. 지금 눈앞에 벌어지는 국내외 정세가 기술력 일변도에 의해 주도되는 것 같지만, 결국은 그러한 인식과 공감대와 사회적 신뢰도가 좌우할 것이다.

그런데 현재의 자본주의식 경쟁체제는 '벌거벗은 직접적 자유경쟁'과 가깝다. 이를 해결하려고 무리하게 사회주의 등의 여러 가지 방법을 시도해보았으나, 결국 비인간적·비효율적 문제를 초래했을 뿐만 아니라 전체주의로 흘러 실패했다. 최근 자본주의의 문제점을 보완하고 해결한다는 의미에서 기업의 사회적 책임이나 협동조합주의를 주장하기도 한다. 또

일각에서는 기본소득보장제를 주장하기도 하지만, 이는 사회적 통제의 강화나 정부 기능의 강화로 이어질 뿐이다. 그렇다고 지금과 같이 신자유주의적 방식이나 직접적 경쟁 일변도의 시장경제 만능주의로 간다면, 현재의 문제를 방치하고 키우는 셈이 된다.

인간은 밀림의 맹수처럼, 먹잇감을 향해 바로 달려들어 누가 먼저 차지하고 쟁탈하느냐 하는 식의 경쟁을 일상적으로 시키면 안 되는 존재다. 인간은 자연계의 동물처럼, 무한 욕망의 무한궤도를 달릴 수도 있지만, 동물 자체에 내재된 생리적 법칙과는 다르게 행동할 수 있게도 태어났기 때문이다. 그래서 자타 평화공존과 조화의 길을 갈 수 있게 순로를 열어 주는 것이 필요하다. 능동적이고 자유로운 역량의 개발과 기쁨의 창조를 전인적 인간 실현의 길이라고 강조하는 이유도 여기에 있다.

과거부터 자유시장 경제체제의 유지와 활성화를 위해 시장의 교정 또는 질서 정책 등을 통해 노력해왔지만, 기대만큼의 큰 효과를 못 보고 있다. 지속적인 이윤과 자본 축적의 격차 심화는 대기업, 다국적·초국적 거대 기업의 출현으로 이어졌고, 그들 간의 치열한 경쟁이 세계정세의 주요 국면을 형성하고 있기 때문이다. 중국처럼 국가 자체가 사실상의 초거대기업 역할을 하는 현상까지 발생하므로, 국가 간에 벌어지는 경제 전쟁은 국내법적 제도나 WTO 정도의 국제적 노력으로 대처하기란 사실상 어려워졌다. 거대 집단 간의 전면전을 방불케 하는 경제 전쟁에서 그 어느 집단도 내일을 장담하지 못하는 이유는 점점 많아질 것이다. 현란할 정도의 기술 발전이 이끄는 산업의 혁신과 재편에도 자본주의 세계는 머지않

자연과 문화의 풍성한 융합을 위한 미학적 불교

아 전반적 양극화의 심화, 세계적 차원의 구매력 저하, 성장률 저하, 금리 및 이윤율 저하의 악순환에 봉착할지 모른다. 지금처럼 기술 급변의 격류와 빅데이터의 범람에 휘말려, 직접적인 무한 경쟁이 극대화되다가는 기업과 정부는 물론이고, 인류의 태반이 과로와 황폐화의 운명을 면하기 어려울 것이다. 그러므로 직접적 경제 동물주의economic animalism식 무한경쟁 일변도의 질주를 멈추게 해야 한다.

## 간접적 자유경쟁의 신성장 모델

인간은 직접적인 경제 동물주의적 경쟁을 자유롭게 벌이고자 하는 측면을 가지고 있고 또 그것이 경제적 효율성을 극대화하는 것도 사실이므로, 자유시장 경제체제의 직접적 자유경쟁을 원하는 자에게는 그것대로 자유롭게 할 수 있도록 보장해야 한다. 그리고 그에 따르는 공정 무역과 공정 거래·경쟁 제도 등 제도적 장치도 필요하다. 그런데 다른 한편 인류에게는 이러한 제도적 장치에 의존하지 않고, 인간의 존엄성을 지키는 삶, 홍익인간 세상에 펼쳐질 수 있는 인간다운 자유경쟁에 대한 속 깊은 바람과 기대도 분명히 있다. 옥스퍼드대학의 경제학자 폴 콜리어Paul Collier도《자본주의의 미래The Future of Capitalism》에서, 상호 의무와 책임 그리고 사회 내 인간으로서 존중받고 싶어 하는 심리가 인간 행동을 일으키는 가장 큰 동력이라는 견해를 밝힌 바 있다.

이것은 인류의 맘의 심연에 있는 '둘 아닌 세계의 유동적·대칭적 무의식'과 '호혜적 증여의 호수성과 순수 증여의 의식'을 발견함으로써 확인된 진실이다. 이러한 인간의 복합적 진실에 기초하여 '복합적 자유경쟁 시장체제'를 실현해야 한다. 이제는 자타의 공존과 조화를 위한 화쟁적 자유경쟁을 제도화해 인간다운 자유경쟁을 원하는 사람에게는 간접적 경쟁도 자유롭게 할 수 있도록 해야 한다.

이 진정한 자유경쟁의 핵심은 '공동체의 목적가치에의 기여도'를 매개로 하는 경쟁이다. 과거에는 실현 불가능했던 제도가 현대의 최첨단 기술의 보편화로 그 구현의 가능성이 눈앞에 다가왔다. 슈퍼컴퓨터, 인공지능, 빅데이터 기술 등을 동원해 기여도와 그에 따른 보상 및 배분 등이 자동적으로 계산되고 지급되며 공개되는 시스템이 가능해졌다. 이것은 현대의 인공지능 시대를 만나지 못했다면 실현 불가능한 것이었다. 그런 점에서 이 제도는 이 시대와 사회의 존재론적 조건의 반영이라고 할 수 있다.

공동체의 목적가치, 즉 공공적 가치 중의 가장 최고의 가치는 '인간으로 하여금 인간다운 삶이 가능하도록 그 기반을 마련하고 가능하게 하는 일'이다. 다시 말하면, 직접적 경쟁으로 자기 이익과 이윤을 획득하는 사적 소득의 산출이 아니라, 이와는 다른 별도의 트랙에서 자국민 또는 세계시민(이를 편의상 '씨알'로 부름)을 위한 공적 소득과 그 기반(소득 기반으로서의 일자리 포함)의 창출을 의미한다. 나는 이를 '공적 씨알 기반 소득Public Peoples' Infra-Income: PPII'이라 부르고자 한다. 이 PPII는 '일인당 국민소득per capita income: pci'을 기본 계산 단위로 하며, 이 pci를 얼마나 분

자연과 문화의 풍성한 융합을 위한 미학적 불교

담하여 산출해내느냐, 그것이 PPII의 전체적 증대에 얼마나 기여하느냐를 가지고 경쟁하게 하는 것이다. 이러한 공익 창출과 증대에의 참여는 물질적 기여이면서 정신적 공헌이다. 이것은 씨알의 전인적 인간상의 실현을 위한 기반을 다지기 때문이다.

이와 유사한 가치에의 공헌에는 인간의 생존과 풍요로운 삶에 필요불가결한 '야생의 회복과 자연의 재생에 기여하는 인간의 노력'이 포함될 수 있을 것이다. 이뿐만이 아니다. 기쁨의 창조와 슬픔의 나눔을 위한 예술적·문화적 노력, 이웃과 사회를 향한 배려와 친절과 봉사 등 여러 가지가 있을 것이다. 이런 공적 목적가치들에 대해 전개되는 생산적이고 건설적인 담론의 형성은 국민의 생활 수준과 문화 수준을 지속적으로 향상시키는 성과를 가져올 것이다. 이와 같은 제도화는 미적 공감과 인간적 유대가 필수적인 세상을 실현하는 과정에서 실질적인 공헌을 할 것이다. 인공지능이 인간의 노동을 대체하는 시대가 와도 아름답고 풍요로운 삶을 이룩하기 위한 인간의 할 일은 항상 있을 것이고, 이런 제도화를 통한 인간의 창조적 행위는 풍성한 미래를 향해 더욱 촉진될 것이다.

좀 더 부연해서 말하면, 지금처럼 자유시장 경제체제에서의 자유로운 경제 행위를 철저히 보장한다는 원칙하에, 개인이나 기업이 원한다면 공동체의 이익 증대와 발전에 공헌한 성과를 '공적 블록체인 시스템'에 연결하고 거기서 산출된 실적으로 경쟁하게 한다. 공적 가치와 여러 가지 기준 등은 원칙적으로 정부나 관이 결정하도록 해서는 안 된다. 어디까지나 시민사회 주관하에 전문가들의 자문을 거쳐 토론을 통해 합의가 이루어지도록 해야 한다. 합의에 이를 수 있다면 공적인 제도의 도움이 필요하지 않을 수 있지만, 그렇지 않을 경우에는 현재의 국회 말고 이것만을 위한 별도의 의회(의원은 원칙적으로 명예직)를 두어 합의제 의결 기구로 활용하는 방안도 검토할 수 있을 것이다. 그렇게 합의된 요건과 절차 등에 의해 기준이 정해지면 고도화된 인공지능 장치를 통해 자동적으로 보상이 이루어지도록 하면 된다. 보상에는 상당한 금전적 보상과 매우 높은 영예의 수여는 물론이고, 모든 준조세(조세와 같은 성질의 공과금이나 기부금)의 면제를 포함해 각종 조세 감면, 금융 혜택 등도 아울러 주는 공적 제도화가 뒷받침되어야 할 것이다. 이런 시스템의 시행과 원활화는 현대 기술을 필요로 하고, 아울러 기술 발전을 추동할 것이므로, 기술 발전과의 조화는 자연스럽게 이루어질 것이다.

이런 연구와 논의를 위해 오래된 프레임에 대한 문제의식과 새로운 프레임에 대한 모색 그리고 방향 전환을 위한 기본 생각의 정립이 필요하다고 앞의 여러 장에서 누차 강조한 바 있다. 여기서 다시 한 번 환기하고자 하는 것은 겉으로 물질적 가치가 두드러져 보인다고 낮은 것이 아니고, 정신적 가치로 보인다고 높은 것이 아니라는 것이다. 어떤 물질이나 재화에도 정신적·문화적 가치가 결부되어 있고, 어떤 정신적·문화적 표현에도 물질적·경제적 가치가 결부되어 있다. 어떤 경우, 어떤 배치에 의하는가에 따라 인식과 판단과 효과가 얼마든지 달라질 수 있다. 또 이를 해석하고 평가하는 것도 우리에게 달렸다.

'공적 목적가치의 결정과 공헌자 보상체계 및 수혜자 배분 조건과 방법'에 대한 심사숙고와 논의는 대단히 중요한 일이다. 앞으로 보다 전문적 수준의 연구와 검토를 거쳐 국민 또는 시민사회가 자율적으로 정해야 할 것이다. 다만 기여도와 그에 따른 보상을 자동적으로 계산·지급해주는 시스템의 설치 및 실무적 운영 그리고 토론 관련 준비와 종합·정리 과정 등은 국가 예산으로 비용을 충당하고 거들어주어야 할 것이다. 토론은 연2회로 진행하여 저평가체계에서부터 고평가체계에 이르기까지 리스트를 만들게 하고, 각 지역별로 또는 전국 단위에서 실질적인 토론을 거친 뒤 투표에 붙일 수 있을 것이다. 사람을 뽑는 투표가 아니라 가치를 선택하는 토론과 투표가 될 것이므로, 의미 있는 담론 형성이 활발하게 전개될 것이다. 이런 제도가 실현된다면 이것이 전 사회의 분위기 쇄신과 순화, 나아가 직접적 자유시장 경제체제의 향상과 발전에도 상당히 긍정적인 효과를 가져올 것이라고 믿는다.

이 제도를 다른 말로 하면, 온 전체(hol)와 낱 개체(on)의 동시 호혜를 목표로 자발적으로 사회 공헌도를 경쟁하게 하는 '공적 목적가치의 자유경쟁' 제도라고 할 수 있다. 이것은 물질적 재화의 생산과 서비스의 제공만을 기준으로 한 경제 성장론에서, 국민의 기반적 소득 증대를 비롯해 공적 목적가치, 특히 돈으로 살 수 없는 아름답고 귀한 덕목의 확산과 제고까지 포함하는 '복합적이며 총합적인 성장론'으로 전환하는 계기가 될 것이다. 이 제도가 원활한 운영 궤도에 진입할 경우, 이를 기초로 하는 '복합적 통일국가'로 가는 길까지 모색할 수 있을 것이다. 이 복합적 통일국가는 연방제와는 다르다. 우리의 태극기가 상징하듯, '둘이면서 둘이 아니고, 하나면서 둘인 국가 간의 화쟁적인 통일국가'다. 인간의 얼굴을 한 간접적 자유경쟁 시스템과 문화적 협력공동체 차원에서는 하나의 시스템을 공유하고 함께 운영할 수 있을 것이기 때문이다.

'간접적 자유경쟁의 시스템화'는 경제체제를 공정하고 원활하게 유지하고 발전시키는 데도 도움을 주어, 직접적 자유경쟁에서도 공익적 가치를 높이는 성과를 낼 수도 있을 것이다. 그 경우에는 그 실적을 일정 부분 공익적·공공적 가치를 실현한 것으로 인정할 수 있을 것이다. 이것은 자본주의를 한 단계 고양시키는 효과를 거두는 일이며, 비단 경제 부문뿐만 아니라 사회·문화·환경 분야에서도 그 시너지 효과로 인해 획기적인 발전을 가져올 것이다.

이런 구상이 불교적 사유 속에서 가능하다고 본다. 이 모두는 호혜와 순수 증여의 정신, 연기법의 세계, 불이중도 사상, 공의 사상과 무아적인 미의식 및 유동적 무의식의 흐름이 바탕이 되어 조화를 이루어야 한다. 이러한 조화의 실현은 각기 주장과 개성이 강한 진리와 선과 정의라는 자녀들을 다 포용하고 잘 키워내는 아름다움의 어머니, 사무량심의 어버이 같은 불교적 사유에서 가능하다. 그래서 나는 이를 '미학적 불교'라고 부른다. 의식과 정신이 보다 심화되고 투철할수록 이 제도는 더욱 원활하게 실현될 것이고 목적가치도 더욱 빛날 것이다.

이는 당위론이나 규범론적 과제를 제시하고자 함이 아니다. 자유시장경제의 교환 관계를 중심으로 하는 직접적 자유경쟁을 원칙으로 받아들이고 있지만, 시장의 실패나 고장 난 시장을 바로잡기 위한 규제만으로는 양극화나 경제 불안과 위기를 막아내기는 역부족인 것이 사실이다. 세계의 전문가들 사이에서 현실적으로 부의 격차에 따른 투자 여력과 투자 규모 격차의 확대로 빈부격차의 만성화를 우려하는 경고의 목소리가 매우 높다. 불교적 사유는 자기치유 원리를 발휘해, 이에 대비하고 보완해주는 장치다. 개체와 전체의 병행적 발전을 도모하기 위해서도 자유교환의 원리를 뒷받침하는 사회 이치를 밝혀내어, 공존과 조화에 공헌하는 기여도를 놓고 서로 자유롭게 경쟁하게 하는 새로운 자유경쟁 제도가 필요하다.

'인간의 얼굴을 한 자유경쟁, 즉 공익적 가치 시장에서의 간접적 자유경쟁'의 제도를 실현하기 위한 토론과 정책적 검토를 경제계, 정치권, 세계 포럼, 유엔 같은 국제사회의 논의의 장에도 제안하고자 한다. 또한 이와 관련한 토론과 논의를 촉구하는 시민사회 운동을 제안한다.

# 자기중심성을 벗어나
# 자유·평등·박애로 가는 길

세상이 더 나아지기를 바라는 사람들에게 지금 불교는 무엇일까? 지구촌의 '인류세＋$\alpha$' 시대에 불교가 현실의 개선과 발전에 과연 어떤 의미를 지닐 수 있을까? 그것을 필자는 연기법, 공, 불이중도, 탈사상脫四相, 무유정법, 사무량심 등을 재조명하여 찾으려 했다. 그 결론을 한마디로 줄인다면 '복합적인 의미에서의 자유·평등·박애'다.

자유·평등·박애는 원래 프랑스혁명의 이념이었다. 그것은 시민계급 중심, 인간 중심, 하나의 국가 중심이었다. 그들에게는 개인의 자유가 최우선 과제였다. 그들의 로드맵은 자유, 평등, 박애의 순서였다. 개인의 자유가 출발점이고 기본이라고 본 것은 불가피하고 올바른 선택이었다. 이이념의 의미는 필자가 2부에 쓴 '출발 지점의 자각'을 구성하는 중요 내용 중의 하나다. 이것은 여전히 살아 있어야 한다.

그러나 이것만으로는 부족하다. 여기에 불교적 의미의 '자유·평등·박애'가 추가로 필요하다. 이것은 '도달 지점의 자각'이란 글을 비롯하여 필자의 책에서 일관되게 주장한 불교 사회인들의 과제이다. 자유와 유대를 함께 중시하며 시민 혁명의 이념과 더불어 복합적으로 지향할 목표다. 궁극적으로 출가승과 보살도의 경우처럼, 도달 지점의 자각을 이루기 위해서는 '박애·평등·자유'의 로드맵을 추구해야 할 것이다. 이들은 이미 출발 지점의 자각을 통해 개인의 자유를 넘어 너와 나의 분별 없는 무아를 지향하므로 중생에 대한 자비를 제일 과제로 삼는다.

우리의 과제는 우선 두 가지 '복합적 의미의 자유·평등·박애'의 연결자로서 생명과 세계의 복합적인 현실을 제대로 담아내는 것이다. 인간 중심이 아니라 자연과 인간이 둘이 아님의 현실 그대로여야 한다. 사물에 마음이 빼앗기는 자유가 아니라 마음이 사물을 통해 기쁨을 만들어내는 자유, 모든 존재의 존엄성과 평등, 특정하고 연고 중심의 박애가 아니라 모든 생명에 대한 박애여야 하는 것이다. 인류와 비의식 알고리즘이 상호 일깨우고 협력하는 탈중심적이고, 복합적이며 열린 문명의 시대를 맞이하고 있다. 이것이야말로 21세기의 현인류가 함께 지향해야 할 '세상을 위한 불교'의 길이다. 나는 고양되고 심화된 의미에서의 '자유·평등·박애'가 오늘날의 불교 사회인들의 이념이 되어야 한다고 생각한다.

- **공**空 고정적인 실체가 없음. 모든 형태의 부정성不定性. 무자성과 같은 뜻. 궁극적 자유로움이라는 의미도 내포함.

- **무유정법**無有定法 절대적·고정적으로 정해진 이치나 법이란 존재하지 않음.

- **무자성**無自性 자체의 고유한 성질을 가진 실체는 없음.

- **무주상 보시**無住相布施 상을 내지 않고 순수하게 베푸는 행위.

- **불이**不二 둘이 아님. 그러나 하나도 아님. 원효는 이를 '하나도 지키지 않고 둘도 아님〔不守一 不二〕'이라고 표현함.

- **사무량심**四無量心 측량할 수 없을 만큼의 크고 훌륭한 네 가지 마음, 즉 자慈 비悲 희喜 사捨를 일컬음.

- **사상**四相 아상我相(자기중심성, 주체 주관에 대한 의식), 인상人相(대상에 대한 의식), 중생상衆生相(집단적·다중적 현상에 대한 의식 및 관련 부대 의식), 수자상壽者相(누림과 얻음의 의식)의 네 가지 상을 말함.

- **사섭법**四攝法 중생을 제도하기기 위한 네 가지 행위. 보시布施(붓다의 가르침이나 재물을 베풂), 애어愛語(부드럽고 온화하게 말함), 이행利行(남을 이롭게 함), 동사同事(서

로 협력하고 고락을 같이함).

- **아라야식** 阿羅耶識 불교의 유식학에서 말하는 궁극적 근원으로서의 인간의 마음. 심층무의식이라 할 수 있음. 산스크리트어 ālaya의 음사로, 아뢰야식阿賴耶識, 마나스식Manas識, 저장식貯藏識, 종자식種子識 등으로도 표현함.

- **안심입명** 安心立命 아무것에 의해서도 흐트러지지 않는 완전히 평정함에 달한 마음의 상태.

- **연기법** 緣起法 모든 사물과 존재의 상호 의존적·조건적 관계와 그 무상한 변화의 이치.

- **오온** 五蘊 몸과 마음을 구성하는 다섯 가지 물질적·신체적·심리적·정신적 요소(색수상행식色受想行識). 그러나 불교는 몸과 마음을 절대적으로 구분하지 않음.

- **원융무애** 圓融無礙 모든 존재가 서로 장애됨이 없이 일체가 되어 융화한다는 이상적인 경지.

- **적정** 寂定 깨침을 통해 도달한다고 알려진 적연부동寂然不動의 경지.

- **조도품** 助道品 도를 깨닫는 데 도움을 주는 보조적 방법.

- **중도** 中道 어느 한쪽에 치우치지 아니한 바른 도리. 두 가지 대립·집착을 떠나 올바르게 판단하고 행동하는 것.

- **팔정도** 八正道 인간이 깨달음의 경지로 나아가기 위해 마땅히 지켜야 할 여덟 가지 실천 덕목. 정견正見(바른 견해. 연기緣起와 사제四諦에 대한 지혜), 정사유正思惟(바른 생각), 정어正語(바른 말), 정업正業(바른 행위), 정명正命(바른 생활), 정정진正精進(바른 노력), 정념正念(바른 마음챙김), 정정正定(바른 집중).

- **화쟁** 和諍 각도와 입장을 달리하는 주장과 견해를 가능한 한 존중하고 포용하며 최대한으로 살려내되, 살려내고자 노력하는 측의 자기혁신부터 먼저 수범하는 태도와 방법.